DISCUSSIONS CRITIQUES

ET

PENSÉES DIVERSES

SUR LA RELIGION ET LA PHILOSOPHIE.

SOUS PRESSE,

pour paraître en juin et juillet :

DE LA RELIGION

par M. F. Lamennais.

1 vol. in-32.

DU PASSÉ ET DE L'AVENIR DU PEUPLE

PAR LE MÊME.

1 vol. in-32.

PARIS. — IMPRIMERIE DE SCHNEIDER ET LANGRAND,
1, rue d'Erfurth.

DISCUSSIONS CRITIQUES

ET

PENSÉES DIVERSES

SUR LA RELIGION ET LA PHILOSOPHIE

PAR

F. LAMENNAIS.

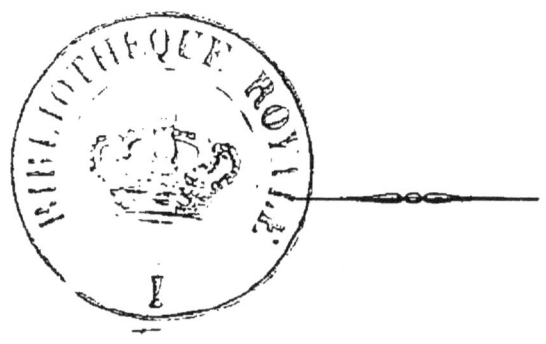

PARIS

PAGNERRE, ÉDITEUR

RUE DE SEINE, 14 BIS.

—

1841

PRÉFACE.

—

Les fragments que nous publions ont été écrits, pour la plupart, il y a longtemps, sous l'influence, soit des idées qui nous frappoient à l'instant même, soit des émotions que tant de causes diverses font naître en chacun de nous dans le cours de notre vie si agitée.

Nous étions loin de prévoir alors qu'un jour nous dussions rassembler, pour les offrir au public, ces feuilles éparses, et on le verra bien par ce que la pensée sous-entend quelquefois, et par la forme native, spontanée qu'elle revêt, sans travail et sans art.

Nous devons expliquer cependant quels motifs nous ont décidé, après de longues hésitations, à communiquer, pour ainsi dire à tous, ce qui, uniquement destiné d'abord à fixer nos propres idées, n'étoit qu'une sorte de secret entretien avec nous-même.

Il s'est opéré, on le sait, un changement dans nos convictions, et ce changement, déterminé par des réflexions nouvelles, déterminées elles-mêmes par un devoir rigoureux, plusieurs ont cru pouvoir l'attribuer à des causes qui, si elles avoient quelque réalité, porteroient une grave atteinte à notre conscience et à notre honneur. Nous n'avons, durant des années, opposé que le dédain à ces indignes inculpations. Maintenant le dédain ne suffit plus : il faut montrer avec quel soin, avec quelle attention scrupuleuse nous examinâmes, à l'époque indiquée dans les *Affaires de Rome*, les importantes questions d'où dépendoient notre foi comme homme, et notre conduite particulière dans la position difficile qu'on nous avoit faite. Qu'en cherchant le vrai de toute notre âme, nous nous soyons néanmoins trompé, cela peut être, et ce n'est pas la vérité de notre conviction que présentement nous avons à cœur d'établir, mais sa sincérité. Le jugement appartient à une plus haute raison que celle d'aucun individu, et si, dans les circonstances où nous nous trouvions, la nôtre dut être notre guide, nous ne l'offrons, certes, pour règle à personne. Entre nous et ceux qui pensent autrement que nous, le temps prononcera. Et qu'on ne dise point que nous aurions dû nous en rapporter à l'autorité que nous avions reconnue, défendue jusqu'alors : car c'étoit cette autorité même qu'en ce moment nous avions à examiner, dont nous devions discuter les titres, afin de ne pas agir au hasard et témérairement; et cet examen, logiquement indispensable pour tous, à moins de se soumettre aveuglément, implique deux choses, un moyen de l'effectuer, lequel ne peut être que la raison, et un résultat qui ne peut non plus être que l'adhésion à ce que la raison a jugé vrai. Par où, pour l'observer en passant, l'on voit déjà que, quoi qu'on fasse, la raison est toujours nécessairement la base de la foi; et ici, par foi, nous entendons le volontaire assentiment à une doctrine imposée par une autorité extérieure.

Malgré les provocations injurieuses qu'on

nous a maintes fois adressées, nous avions continué jusqu'à ce jour à garder le silence, espérant que la haine se lasseroit, et aussi parce que nous ne pouvions justifier nos croyances sans attaquer par là même celles d'autrui, sans susciter dès lors de nouvelles animosités. Cependant nous sentons que, quelle que soit la diversité des sentiments, les controverses pourroient aisément être dépouillées de toute aigreur, de tout ce qui froisse et blesse, et que si le pur amour du vrai les dirigeoit toujours, toujours aussi l'on pourroit dire avec l'apôtre : *Charitas manet*. Au reste, suivant l'expression du sage, « il y a un temps de se taire et un temps de parler : » tout a sa mesure et son terme, et la charité envers autrui, réglée par la justice, ne dispense pas de ce qu'on se doit à soi-même. Et puis, en dehors des personnes, la vérité n'a-t-elle pas ses droits? N'a-t-on pas envers elle des devoirs sacrés à remplir, chacun selon la persuasion qui sincèrement le domine?

En quelques-uns de ces fragments on rencontrera des paroles vives, âpres et dures, telles qu'il en sort de l'âme douloureusement émue. Nous aurions pu les effacer, et nous l'eussions fait de grand cœur, si, par leur rudesse même, elles ne servoient pas à montrer que nous n'avions, en écrivant, aucun dessein de publicité. Quand on converse avec soi-même, on ne pèse guère les mots : ceux qui rendent avec le plus de force ce qu'on sent et ce qu'on pense, sont toujours acceptés, sans qu'on songe même à l'impression que d'autres en recevroient. Les hommes comme les choses, les choses comme les hommes, ont d'ailleurs plusieurs faces, et ce qu'on blâme, ce qu'on repousse à certains égards, peut, à d'autres égards, être

profondément et respectable et respecté.
Nous ne l'avons jamais oublié ; ce livre même
en contient la preuve. Nous n'éviterons pas
néanmoins le reproche contraire; mais nous
croyons que, sur ce point, la conscience des
lecteurs impartiaux et calmes, quelles que
puissent être du reste leurs opinions, nous
absoudra.

C'est une erreur assez commune de regarder comme absolument évitable ce qui
ne l'est que dans les circonstances particulières de sa production, et dès lors de s'en
prendre aux hommes de ce qui ne dépend
d'eux en aucune façon. Pourquoi dire ceci?
Pourquoi ne pas taire cela? Pourquoi? Parce
qu'en le disant, on n'a fait qu'exprimer ce
que tous pensoient, d'une manière seulement moins explicite, moins nette peut-être.
Il n'est donné à qui que ce soit d'arrêter le
mouvement de l'esprit, de le retenir en de

certaines limites que quelques-uns jugent imprudent de franchir. Une irrésistible puissance le pousse toujours, toujours en avant, sans fin, sans repos. Ce qu'il a saisi, n'importe par quelle voie, il l'examine sous tous les aspects, le scrute en tous sens, pressé qu'il est du besoin de comprendre. Des choses simplement connues de lui, il n'en est aucune qui ne lui devienne bientôt un problème à résoudre : c'est sa loi. Il croit d'abord, puis il veut se rendre compte de ce qu'il croit, le concevoir ou s'en assurer une possession plus complète, plus ferme. Et comme les conceptions dérivent les unes des autres et s'enchainent étroitement, si, en quelque point principal, cet enchaînement vient à se rompre, il y a un moment de trouble et d'hésitation, de désordre et de doute presque universel, jusqu'à ce que, après de grands efforts et des douleurs semblables à celles de l'enfantement, l'on ait renoué, en la rattachant plus haut, la chaîne brisée; et c'est là ce qui se passe sous nos yeux.

En un temps où les vérités, même les plus fondamentales, sont malheureusement ébranlées, il se fait dans les esprits un travail extraordinaire, car la vérité c'est la vie, et cette vie qui manque, on la cherche de toutes parts avec anxiété. Elle est encore dans le monde, sans quoi le monde périroit, elle est en ceux même qui la cherchent, mais obscurcie, cachée par des erreurs partielles; car l'erreur appartient à la condition humaine, nul siècle n'en est entièrement exempt, et le progrès consiste à l'éliminer à mesure que, la lumière croissant, on avance dans la connoissance des effets et dans la conception des causes. C'est ainsi que les sciences se développent, et que se développe la Religion elle-même, qui est science aussi, la science de Dieu et celle de ses œuvres, la législation éternelle des êtres et de l'homme particulièrement. Une, invariable dans son essence, elle revêt, durant le cours des âges, des formes relatives au degré où on la connoît et à la manière dont on la conçoit, formes changeantes dès lors comme la conception même qui va sans cesse se développant ; et, pour expliquer complétement ces états divers de la même Religion identique, il faut tenir compte encore de mille circonstances extérieures, qui tendent, soit à l'épurer, soit à la corrompre, surtout comme institution publique. Son mouvement général n'est cependant que le mouvement même de l'esprit humain, et le christianisme qui résuma ses progrès antérieurs, soumis aussi à cette loi suprême, a subi, dans ses diverses phases, et continue de subir des modifications dépendantes également du progrès accompli sous son influence. Visiblement il tend à rentrer, par l'idée plus nette qu'on s'en fait, dans le cercle des lois naturelles de l'homme; lois divines au plus haut degré, puisqu'elles émanent de Dieu et nous unissent à Dieu, hors duquel nulle vie, nulle existence possible. Ces lois, en effet, seroient-elles plus divines, si elles n'avoient aucune relation immédiate à notre nature, si elles n'en étoient pas les lois essentielles et propres? Quelqu'un le dira-t-il, le pensera-t-il? Et puisque le christianisme, considéré à ce point de vue, n'a jamais pu ne pas être; qu'immuable en soi, il varie seulement dans ses formes relatives à l'avancement de la science, à l'évolution progressive de l'humanité dans le vrai; son unité, sa perpétuité, son universalité, sont établies invinciblement. Les innombrables difficultés, les contradictions absolues qu'enfante l'hypothèse d'un ordre surnaturel, disparoissent; et, loin que l'autorité, la majesté de la Religion, aient été affoiblies, cette majesté n'en est que plus auguste, et cette autorité plus grande, puisqu'elles s'identifient à l'autorité, à la majesté de la Puissance créatrice elle-même.

C'est uniquement sur cette radicale et décisive question d'un ordre surnaturel, que porte la discussion instituée dans les fragments qui suivent. On y verra pourquoi nous ne saurions admettre un pareil ordre de dispensation, qui nous semble opposé aux lois essentielles de Dieu et de la Création; comme aussi on peut voir, dans l'*Esquisse d'une Philosophie,* de quelle manière nous comprenons que la Religion, qui n'est pour l'homme que l'ensemble des conditions de sa vie supérieure, de sa vie intellectuelle et morale, rentre dans l'enceinte des pures lois naturelles.

Cette doctrine, pleine de paix, d'harmonie et d'amour, aussi éloignée de l'indifférence que du fanatisme persécuteur, ne sera cependant pas écoutée de quelques-uns sans colère. Mais que prouve la colère? qu'établit-elle? que renverse-t-elle? N'en faut-il pas toujours revenir à un examen calme? Quand est-ce que la raison, en lutte avec la force, avec les habitudes enracinées par l'éducation, les idées transmises, les préjugés héréditaires, n'a pas triomphé de toutes les résistances intéressées et passionnées? Qui jamais arrêta l'esprit humain dans sa marche incessante? Quoi qu'on fasse, l'erreur passe, le vrai seul demeure. Cherchons donc de bonne foi le vrai pour le vrai seul. N'y a-t-il pas dans sa possession une joie inénarrable, une joie qui surpasse toutes les joies? Malheur à qui n'aspire pas uniquement à lui! En lui sont toutes choses désirables, en lui sont tous les biens, car le bien c'est le Vrai embrassé par l'amour, uni à notre être qu'il pénètre, c'est Dieu en nous.

Sainte-Pélagie, 10 avril 1841.

DISCUSSIONS CRITIQUES

ET

PENSÉES DIVERSES

SUR LA RELIGION ET LA PHILOSOPHIE.

Qui ne se sent aujourd'hui troublé en soi-même ? Un voile livide enveloppe toutes les vérités; elles nous apparoissent, comme le soleil pendant la tempête, à travers des vapeurs blafardes. Le cœur inquiet cherche sa foi, et il trouve je ne sais quoi d'obscur et de vacillant qui augmente ses anxiétés, une sorte de nuage aux contours vagues, aux formes indécises, qui fuit dans le vide de l'âme. Les désirs errent au hasard comme l'amour. Tout est terne, aride, sans parfum, sans vie. Posez la main sur la poitrine de ces ombres qui passent, rien n'y bat. La volonté languit tristement faute d'un but qui l'attire. On ne sait à quoi se prendre dans ce monde de fantômes.

Et pourtant Dieu n'a pas rompu avec la Création; s'il s'étoit retiré de son œuvre, s'il avoit rappelé à soi son souffle de vie, l'univers haletant seroit redescendu au-dessous du chaos, dans le gouffre sombre et silencieux où s'évanouit tout être.

Quelque chose est; il y a donc quelque chose de vrai. Mais où trouver la vérité? comment la reconnoitre? Elle se joue dans les ténèbres de notre esprit, comme les rayons du soleil couchant dans les nuages qu'il colore de nuances infinies, qui se mèlent et changent perpétuellement, et s'affoiblissent, jusqu'à ce qu'elles se perdent dans une nuit profonde. Mais alors commencent à briller sur la voûte noire des cieux de nouveaux astres. Le firmament se peuple de globes étincelants, qui, croisant leurs orbites dans ses vastes plaines, y exécutent, comme une armée (1), leurs merveilleuses évolutions. Rien de pareil dans le monde moral. Le prêtre, sans inspiration, balbutie des paroles de la terre, froides, mortes, semblables aux creux retentissements d'un sépulcre. Le politique ment pour tromper le peuple et vivre de lui. Le philosophe, en ce moment, rêve qu'il sait, et le moment d'après ne sait pas même s'il rêve. Dérision que tout cela, raillerie amère. Et puis comptez les larmes, les douleurs, les désespoirs, les crimes. Voulez-vous que je vous dise ce que c'est que le monde? Une ombre de ce qui n'est pas, un son qui ne vient

(1) *Exercitus stellarum.* Ps.

de nulle part et qui n'a point d'écho, un ricanement de Satan dans le vide.

O Dieu! il y a des temps où la pensée tue l'homme, et l'un de ces temps est venu pour nous. C'est vraiment ici l'ère de la grande tentation. Lorsque le ciel est serein et la mer calme, le nautile déploie sa petite voile, allonge ses rames vivantes, et l'on voit sa gracieuse nacelle voguer doucement sur des flots d'azur. Les vents commencent-ils à souffler, les vagues à s'élever, il replie ce frêle appareil et se laisse aller au fond de l'abîme.

———

Lorsque la foi qui unissoit l'homme à Dieu et l'élevoit vers lui vient à manquer, il se passe quelque chose d'effrayant. L'âme, abandonnée en quelque sorte à son propre poids, tombe, tombe sans fin, sans cesse, emportant avec elle je ne sais quelle intelligence détachée de son principe, et qui se prend, tantôt avec une inquiétude douloureuse, tantôt avec une joie semblable au rire de l'insensé, à tout ce qu'elle rencontre dans sa chute. Tourmentée du besoin de la vie, ou elle s'accouple avec la matière qu'elle cherche vainement à féconder, ou elle poursuit à travers le vide de fantastiques abstractions, de fugitives ombres, des formes sans substance, la nuée qu'elle a prise pour Junon. Ce qui reste d'amour se rapproche de celui qui anime sourdement la nature brute. On ne comprend plus la société comme une manifestation de l'esprit et de ses lois, mais comme un travail mécanique d'arrangement, ou, si l'on soupçonne quelque chose au delà, de cristallisation plus ou moins régulière. Tous les nobles instincts s'endorment d'un profond sommeil ; toutes les secrètes puissances qui président à la formation du monde moral, au développement de l'être dans son invisible essence, s'éteignent en partie, et en partie lui créent une sorte de supplice interne, dont la cause inconnue de lui le jette en des angoisses et un désespoir inexprimables. Son âme a faim ; comment fera-t-il? Il tuera son âme, ne trouvant pour elle, là où il est, aucun aliment. S'il souffre, c'est qu'il est encore trop haut. Descends donc, descends jusqu'à l'animal, jusqu'à la plante; fais-toi brute, fais-toi pierre. Il ne le peut : dans l'abîme ténébreux où il s'enfonce, il emporte avec lui son inexorable nature, et les échos de l'univers répètent de monde en monde les plaintes déchirantes de cette créature, qui, sortie de la place que lui avoit assignée l'ordonnateur suprême dans son vaste plan, et incapable de se fixer désormais, flotte sans repos au sein des choses, comme un vaisseau délabré que les vagues poussent et repoussent en tous sens sur l'Océan désert.

Il manque aujourd'hui aux hommes, à la plupart du moins, tout un ordre de pensées et de sentiments, tout ce qui tient à la partie supérieure de l'âme et fait sa vie propre. Ils habitent les lieux bas, ne voient rien au delà de cet horizon borné, et, hors du cercle étroit où les confine je ne sais quelle puissance mauvaise et fatale dont ils semblent dominés, ils ne soupçonnent même pas aucune existence. Leur esprit, condamné à la meule comme l'esclave ancien, exécute au fond d'un réduit obscur quelques opérations mécaniques; il broie des idées stériles, et croit organiser l'univers. Si vous conversez avec ces serfs de la matière, vous vous apercevez bien vite qu'ils ont oublié la langue humaine; ils ne la comprennent plus, les mots pour eux ont perdu leur sens. Et leur langue à eux, sourde et morte, ressemble à la scie qui taille le marbre; rien ne palpite, rien ne vit dans cette langue, bruit monotone et sec entremêlé de sons aigus. Malheureuses créatures que vous plaignez et qui vous effrayent, vous les croyez près de vous sur la hauteur d'où l'on découvre Dieu et ses lois, et les lois du monde, et les lois de l'humanité; votre œil les cherche, et il les voit qui tombent, et il faut ou se séparer d'elles, ou plonger à leur suite et les saisir au sein de l'abîme, afin de les ramener en une région où il y ait assez d'air pour qu'une parole vivante y résonne.

Que cherchent aujourd'hui les hommes? la foi et l'amour. Ils ne savent plus que croire, ils ne savent plus qu'aimer : et pourtant c'est là toute la vie. Pauvres créatures égarées dans le désert de vos sociétés arides, que voulez-vous qu'elles croient? Entre elles et l'astre éternel qui éclaire et anime l'univers, vous avez étendu un crêpe sanglant. Elles ne voient Dieu qu'à travers vos crimes, et vous leur dites : Croyez! Croiront-elles aux Tables de la loi, quand vous en avez fait des tables de proscription pour les quatre-vingt-dix-neuf centièmes de la race humaine? Rois et prêtres, votre symbole est écrit sur un gibet : eh bien ! les peuples l'ont effacé avec le premier tronçon qu'ils ont rompu de leurs fers. Puis sont venus les hommes-tigres, ils ont creusé une large fosse, ils y ont jeté pêle-mêle des cadavres de vieillards, de femmes, d'enfants, et ils ont dit aux nations tremblantes : Voilà l'autel de votre Dieu! Falloit-il croire encore ceux-là? Après, qu'y a-t-il eu? Déception, mensonge, hypocrisie, servitude sous le nom de liberté ; un pacte entre la tyrannie et l'ambition, et l'avarice, et la lâcheté cléricale, sous le nom de religion. Alors les peuples ont cru à leur misère, à leur misère irréparable, et il a fait nuit sur la terre. Muré dans ces ténèbres, seul, seul, éternellement seul, chacun s'est mis à s'aimer d'un amour dévorant, insatiable, d'un amour désespéré. Plus de passé, plus d'avenir, je ne sais quel gouffre étroit et sans fond appelé le présent, où tout s'abîme, se perd, disparoît, fugitive apparence d'une ombre, fantôme de l'être dans le fantôme du temps.

Torpeur, puis convulsions, puis une nouvelle torpeur et des convulsions nouvelles, et enfin la mort, voilà ce qu'éprouvent les êtres vivants dans la machine pneumatique. Il se passe quelque chose de semblable pour les peuples, lorsque, les croyances s'éteignant, ils se trouvent tout à coup plongés dans le vide. Les âmes aussi ont besoin d'air ; s'il leur manque, elles tombent en d'inconcevables angoisses. Or, leur atmosphère à elles est infinie, et l'air qu'elles respirent et qui les vivifie, pur comme la source d'où il émane, est le souffle même de Dieu.

Il y a un flux divin, immense, intarissable, qui, pénétrant la Création, traverse tous les êtres, et les unit, et les dilate incessamment. Plongé dans ce fleuve de vie, dans ce pur océan de l'être, chacun d'eux y puise, selon sa nature, l'aliment universel. Depuis le grain de poussière qu'un souffle emporte, jusqu'à l'ange qui remue les mondes, tout aspire cette sève puissante, se nourrit d'elle en la transformant en soi, comme chaque partie de la plante imprime une forme particulière, sa propre forme, à la sève commune que toutes elles reçoivent et qui les développe toutes. Et puisque ce flux générateur part de Dieu, est Dieu même se communiquant, se donnant à ses créatures, il est comme le lien qui les rattache à lui, lien par son essence toujours le même, et qui, se diversifiant néanmoins selon la diversité des êtres, est amour et intelligence en ceux qui sont capables de connoître et d'aimer. Les hommes, dans leur langage, l'appellent religion, et la religion n'est en effet que la sève féconde, éternelle, la sève divine de l'univers : elle n'est que Dieu même soutenant, animant, développant ses innombrables créatures, suivant les lois de chacune d'elles harmoniquement unies à ses propres lois, d'où elles émanent comme de leur source.

Rien de plus rare chez les hommes que l'amour réel de la vérité; et cependant quel intérêt ont-ils à s'abuser sur elle? Évidemment leurs convictions ne la changent en aucune manière : qu'on la rejette ou qu'on l'admette, elle reste ce qu'elle est. Ce peu de souci du vrai apparoît principalement dans les discussions religieuses; car voici ce qui se passe d'ordinaire en ceux qui s'engagent dans ces discussions. Ils ne se disent point : Je ne me rendrai pas à la vérité certaine, ils répugneroient à cette énormité ; mais, partant de la supposition, pour eux indubitable, que leur croyance est certainement vraie, au lieu de l'examiner en vertu de principes différents d'elle-même, ils jugent de toutes choses d'après elle, appelant vrai ce qui y est conforme, faux ce qui y est opposé ; et cela souvent avec une bonne foi qui leur fait une pleine illusion sur le vice, pourtant assez apparent, de ce paralogisme absurde. Cette disposition de l'esprit, qu'il ne s'avoue pas, que quelquefois même il ne soupçonne pas, tant elle lui est intime, est surtout commune en ceux dont la foi repose sur une autorité extérieure réputée infaillible. Elle provient de l'opinion, inculquée de bonne heure, qu'on ne sauroit, sans blesser la conscience, mettre seulement en doute ce qu'enseigne cette autorité. Les controverses alors irritent plus qu'elles n'éclairent. Toutefois tôt ou tard la lumière se fait, elle pénètre à travers les préjugés les plus épais, et un jour arrive où l'état de l'intelligence a changé par une lente réaction des lois de l'intelligence même.

La religion est de tout âge, mais elle a surtout un grand empire sur les très-jeunes gens et sur les femmes, qui, à certains égards, sont jeunes toute leur vie. Et c'est que, dans la jeunesse, on aime à plonger dans le mystère, et la simple croyance c'est le mystère, et l'autorité qui ne prouve point, qui n'explique point, a une liaison naturelle, immédiate avec la croyance. Plus tard, la raison se développant, on veut comprendre. Alors commence le doute, fils de la science. Il interroge l'autorité, qui meurt si elle répond, car elle ne peut répondre sans reconnoître à la raison le droit d'interroger, et par conséquent de juger de la valeur des réponses qui lui sont faites. L'autorité ne doit jamais sortir de la foi pure. Quand elle a parlé, il suffit, ou elle n'est plus autorité. Que voulez-vous lui demander de plus? Elle exclut l'examen, parce qu'elle exclut l'incertitude, la possibilité de l'erreur, que la vérité descend d'elle à la raison, et ne remonte point de la raison à elle. La raison l'écoute, se tait et obéit, c'est-à-dire croit, qu'elle comprenne ou non. Elle se pose elle-même, et si elle essaye seulement de se prouver, elle abdique; car se prouver, c'est implicitement au moins reconnoître un juge et se soumettre à ce juge. Cependant la raison, si elle ne veut pas s'anéantir elle-même, exige nécessairement des preuves. Voilà pourquoi l'âge de raison, dans les peuples comme dans l'homme, est fatal à l'autorité; j'entends l'autorité qui ne dépend pas des lois naturelles de la raison même.

Une chose m'a frappé à Rome. En ce qui touche les doctrines générales du christianisme, les opinions théologiques et philosophiques, on y écoute tout, on y discute tout avec un calme extrême, avec une impartiale froideur, qui quelquefois ressemble assez à de l'indifférence. Mais s'agit-il des droits du pape, de son autorité, de ses prérogatives; s'agit-il surtout des intérêts temporels du pontificat, ces gens si impassibles s'animent soudain, leur visage se colore, leur parole se passionne, leur voix prend de l'accent; ce ne sont plus du tout les mêmes hommes. Pourquoi cela?

―――――

En 249, saint Gatien, envoyé par le pape Fabien, vint prêcher le christianisme en Touraine. Il fixa son siége à Tours, et y mourut en 301. Il fut enterré hors des murs dans le cimetière des indigents. On y éleva une église sous le titre de Notre-Dame-des-Pauvres, et appelée depuis Notre-Dame-la-Riche. C'est, en

deux mots, au point de vue de la foiblesse et
de la corruption humaine, l'histoire de l'Église
entière.

———

Presque tous ceux qui, à partir des temps
où la hiérarchie devint une puissance dans ce
monde, ont pris le christianisme au sérieux,
en ont été victimes, d'Arnaud de Bresce à Sa-
vonarole. Toute âme ardente et croyante, qui
embrasse l'Évangile avec simplicité, qui aime
Dieu et les hommes, qui a en soi l'esprit de
sacrifice et veut l'inspirer aux autres, a toujours rencontré la haine cléricale, haine implacable, qui, pendant des siècles, a couvert
l'Europe de bûchers. La hiérarchie ne demande pas mieux qu'on prêche au peuple les
maximes du Christ, qu'on soulage individuellement ses misères, et même elle l'ordonne :
mais elle ne souffre pas qu'on lui rappelle à
elle-même ces maximes, ni qu'on pousse le

peuple à sortir de l'état qui est la source de tous ses maux. Elle a besoin de son abaissement pour être grande temporellement, de sa passive docilité pour être puissante, de sa pauvreté pour être riche, de ses douleurs et de sa faim, et de sa soif, et de sa nudité, pour vivre sous la pourpre dans l'abondance et dans les délices. Peuple, obéis aux maîtres que Dieu t'a donnés, courbe-toi sous leur main, laisse-toi dépouiller, frapper, meurtrir, emprisonner, tuer, car tu seras ainsi semblable à Jésus-Christ. Ce sont là les vraies joies de ses disciples, et c'est à ce signe qu'on les reconnoît. Heureux ceux qui souffrent, heureux ceux qui pleurent!

Prêtres! c'est bien dit. Nous vous croyons. Mais les conducteurs d'Israël doivent, à travers le désert de ce monde, marcher devant Israël. Marchez donc, et nous vous suivrons. Faites-vous pauvres de riches que vous êtes, de grands faites-vous petits. Renoncez à votre luxe, à l'orgueil de votre puissance mondaine. Soyez les derniers pour être les premiers. Vendez vos biens et distribuez-en le prix à ceux qui s'en vont de porte en porte demander un peu de pain, et ils ne l'obtiennent pas. Montrez votre foi par vos œuvres, et vos exemples nous affermiront.

Au feu l'hérésiarque !

Thomas Conecte, Carme né à Rennes, partit pour Rome en 1432, dans le dessein, disoit-il, de réformer le pape et les cardinaux. Zélé missionnaire, il s'étoit acquis une haute réputation et avoit produit de grands effets en France, en prêchant contre le luxe des femmes et les vices du clergé. Il crut qu'il lui seroit permis d'attaquer avec la même liberté les mœurs corrompues de la capitale du monde chrétien, et ne tarda pas à s'attirer des inimitiés puissantes. Sommé de comparoître devant Eugène IV, il cherche à s'évader, est arrêté, mis en prison. Les cardinaux de Rouen et de Navarre, chargés de l'interroger, déclarent que sa vie est irréprochable et sa doctrine hérétique. Condamné, selon les lois de l'inquisition, à être brûlé, il est exécuté en 1434. Quelques-uns applaudirent à son supplice, d'autres le regardèrent comme un martyr. Saint Antonin, archevêque de Florence, disoit de lui avec une naïveté singulière : *Magnas faciebat commotiones in bonum, etsi non secundum scientiam.*

« — Je suis tranquille pour vous. Une conviction si droite, si pure, si douce, ne sauroit être punie là haut. Mais pourquoi ne pas l'avouer? Je crains, je crains la violence des hommes qui vous poursuivent, qui vous ont jeté dans cette prison. Il n'est rien, croyez-moi, rien qu'ils ne soient capables de concevoir et d'exécuter.

« — Et il n'est rien non plus, mon père, qui soit capable d'altérer ma paix. Je ne trahirai point ma conscience pour respirer quelques jours de plus l'air épais de cette terre. Qu'est-ce que ce peu de vie qui me reste?

Qu'ils me tuent, s'ils veulent; ils n'auront pas grand'peine : en l'état où je suis, un enfant m'achèveroit.

« — J'allai rendre compte de ma commission. — Qu'a-t-il dit ? — Je répétai de mon mieux ses paroles si fortes, si suaves. — Il les écoutoit attentivement. — Et qu'avez-vous répondu ? — Je repassai sur toute mon argumentation. Il se taisoit et levoit les épaules. Puis sa tête s'abaissa peu à peu sur sa poitrine : il tomba dans une rêverie sombre, morne, profonde comme son âme impénétrable. Cela dura, je crois, vingt minutes. Je sentois le frisson courir dans mes membres et le souffle me manquer. Tout à coup il se redresse ; je ne sais quel feu interne jaillissoit à travers sa prunelle enfoncée. Il étoit calme pourtant, sa parole ne trembloit pas ; elle résonnoit froide, sévère, impassible comme la voix du destin.

« — Qu'il ait raison ou non, peu m'importe. J'ai une haute place, une place suprême à transmettre à mes successeurs : je leur en dois compte. Malheur à qui l'attaquera de mon vivant!

« Je tressaillis, mon sang se glaça. Quelque chose en moi me dit : Il est mort.

« Le lendemain, Rome apprit qu'une soudaine indisposition l'avoit surpris pendant la nuit. Le médecin, appelé aussitôt qu'on le put, étoit arrivé trop tard. Tous les secours avoient été vains. »

Après des siècles horribles, il en vint de plus horribles encore. Le règne de Charles-Quint forme le centre d'une des époques les plus désastreuses de l'humanité. Il n'existoit plus ni religion, ni droit, ni justice, ni morale, ni honneur. Quelques monstres, affamés de puissance et d'argent, dévoroient les peuples et se dévoroient entre eux. Jamais l'homme ne fut compté pour moins : il n'y avoit que Dieu qu'on méprisât plus. Les moins pervers étoient ceux qui n'y croyoient pas. Quel temps que celui où, je ne dis pas le mensonge et la violence, mais l'assassinat et l'empoisonnement, étoient les moyens ordinaires de la politique, employés sans honte par les princes et leurs agents, par les empereurs, les papes; où les Médicis jetoient leurs bâtards sur le trône pontifical; où sur ce même trône s'asseyoient l'inceste, le meurtre et l'athéisme!

Deux causes produisirent des maux affreux: le régime féodal dans ses rapports avec le droit public de l'empire, et la lutte continuelle de celui-ci avec la papauté. Le droit de réversion et d'investiture fournissoit perpétuellement des prétextes à l'ambition et à l'avarice des empereurs. Nul état soumis à cette jurisprudence barbare n'étoit assuré; on les vendoit au plus offrant, et puis on les reprenoit pour les revendre encore, jusqu'à ce que le moment fût venu pour les chefs de l'empire de les incorporer à leurs domaines patrimoniaux. Telle est l'origine de la servitude de l'Italie. La domination de ses tyrans est le fruit de plusieurs siècles de crimes. Pendant des siècles les Césars et les Pontifes y ont eu le pied dans le sang. Durant ce période, elle fut le champ de bataille des deux pouvoirs qui se disputoient le monde. A qui appartiendra le genre humain? De qui sera-t-il la propriété, la proie? Dieu l'a-t-il destiné aux jouissances du prêtre ou à celles des rois? La terre sera-t-elle un parc ou un bercail? Telle étoit la question qui se discutoit les armes à la main, et dont la solution penchoit alternativement d'un côté ou de l'autre à l'aide du pillage, de l'incendie, des égorgements et du viol. Puis les papes s'étant mis à avoir des enfants, même de leurs filles, ils n'abandonnèrent certes pas leurs droits imprescriptibles sur les habitants des quatre parties du globe; mais leur politique pratique fut modifiée par les devoirs nouveaux que leur imposoit la qualité de pères de famille (1). Il fallut

---

(1) Voyez les *Memoires de Bernardo Segni* et les autres historiens contemporains.

qu'ils songeassent à ces innocentes petites créatures couvées sous la tiare. Alors ils regardèrent autour d'eux ; partout où ils virent quelque prince foible, la guerre, l'intrigue ou le poison, en débarrassèrent ses sujets. Force étoit bien de leur donner un nouveau vicaire de Jésus-Christ au temporel, et il s'en trouvoit toujours quelqu'un de prêt dans la race sainte du vicaire de Jésus-Christ au spirituel. Ainsi plantèrent leurs rejetons en Italie, et jusque dans le domaine de l'Église, les Borgia, les La Rovère, les Médici, les Farnèse, les Monti. Ces races sacerdotales ne prospérèrent pas toujours, précisément à cause de l'amour de chaque pontife pour sa progéniture. N'avoit-il à lui donner que l'héritage de celle d'un de ses prédécesseurs, celle-ci naturellement devoit céder la place, à moins qu'elle n'eût assez de force ou d'habileté pour détourner sur d'autres les touchants effets de la sollicitude paternelle. Après la bâtardise vint le népotisme ; ce n'étoit plus le temps de fonder des souverainetés indépendantes, mais on fonda d'énormes fortunes unies à des titres splendides. Le titre ne coûtoit rien; la fortune ne coûtoit que des crimes : on tuoit pour confisquer. Il est peu de grandes familles romaines, du quinzième au seizième siècle, qui n'aient sa racine dans le sang : plus tard elles ne l'eurent que dans la boue. Aujourd'hui un vieillard, conseillé par d'autres vieillards, serre convulsivement je ne sais quel morceau de terre sacrée, dit-il, haletant d'une vague frayeur, et s'unissant pour sa défense aux oppresseurs des peuples, à ses propres ennemis; dernière croisade de la papauté où elle combat aussi pour un tombeau.

———

Les mots n'y font rien, regardez aux choses, et vous verrez que le pape, les évêques, la hiérarchie entière ne peut rien, qu'autant qu'elle représente et qu'elle exprime, dans les

actes de son autorité, soit enseignante, soit
gouvernante, les pensées et les sentiments des
peuples. Elle a voulu, elle veut encore établir
une doctrine contraire à leurs droits connus
d'eux : qui l'écoute? On laisse le pape prêcher
dans le désert, et le monde va son chemin.
La Pologne, la Belgique, l'Irlande, nations si
catholiques, continuent de professer hautement et de mettre en pratique des principes
opposés à ceux du pontife, et le bon sens
chrétien ne s'en étonne pas : cela est trouvé
tout simple. Avez-vous rencontré quelqu'un
qui doutât du catholicisme de ces peuples?
Eux et d'autres pousseront le catholicisme en
des voies nouvelles, ou le catholicisme périra.
Je vous le dis, hors des masses, l'autorité n'est
qu'un vain nom ; ce sont toujours elles qui la
possèdent et l'exercent de fait. Le pape, mé-
content de ses sujets, a voulu, appuyé d'un
concile œcuménique, celui de Trente, excom-
munier ceux qu'il appelle rebelles, les châtier
(*virgâ compescere*), comme il le dit dans son

Encyclique; tout le monde a ri, on a eu pitié de l'excommunication : les verges n'ont frappé que l'air. A toutes les époques, dans tous les siècles, rien n'a été faisable que ce qui étoit conforme aux croyances, aux opinions, au génie du temps. Une hérésie condamnée, qu'étoit-ce ? une pensée particulière repoussée par la pensée générale d'alors. Nulle décision, nul enseignement qui n'étoit pas l'expression de celle-ci, n'a eu de force ni de durée : et il en est ainsi des lois. Dieu conduit le genre humain, le genre humain conduit la hiérarchie qui ne conduit personne.

Les catholiques, en se rencontrant sur les sentiers déserts du vieux monde où ils errent seuls, séparés de tout ce qui a franchi le seuil de l'avenir, n'ont plus, dans leur solitude silencieuse et profonde, rien à se dire que ce mot des Trappistes : Frères, il faut mourir.

C'étoit après tout un vaste et magnifique édifice que le catholicisme romain. Il devoit finir dans ce qu'il a de l'homme, parce que tout ce qui est de l'homme finit. Mais je ne m'étonne point que ceux qui y naquirent et y vécurent, le voyant crouler sous la main du temps, veuillent mourir dans ses ruines. Là furent leurs espérances, là sont leurs souvenirs, leurs douleurs, leurs joies. Pour eux qu'y a-t-il ailleurs ? Il est trop tard pour refaire sa vie. Les jeunes générations, pleines de foi, de confiance, d'ardeur, se détachent du sol qu'habitèrent leurs pères, pour marcher vers un monde nouveau. Eux disent : Qu'est-ce que ce monde où vous allez? nous ne le connaissons point ; s'il existe, ce n'est pas pour nous : et ils veulent que leurs cendres reposent dans la vieille patrie.

Qu'on se garde bien de croire cependant qu'il ne restera rien du catholicisme. Au contraire, il renferme sous de profonds symboles les vérités qui, plus développées et conçues plus nettement, seront encore, seront toujours l'objet d'une foi impérissable. Si quelques-unes de ses doctrines sont repoussées par la raison, qui ne peut sans s'abjurer elle-même admettre entre elle et le vrai aucun intermédiaire; si la surnaturelle autorité de cet intermédiaire, attentivement examinée, implique une évidente et radicale contradiction, et redevient forcément l'autorité de la raison même; si les lois de l'homme, dans ses relations nécessaires avec Dieu, ne sont que les lois de sa propre nature, identiques, quant au fond, avec les lois universelles de la Création, identiques elles-mêmes avec les lois du souverain Être : si cette vue des choses modifie les croyances antérieures, en change, sous un rapport secondaire, la base; ce qui reposoit sur cette base, le dogme divin, les vérités premières aperçues de l'intelligence, les préceptes qui s'en déduisent, la règle pratique, subsisteront immuablement. Ce ne sera pas une destruction, mais une évolution. La feuille qui devient fleur périt-elle? Non certes; elle atteint, en se transformant, un plus haut degré de perfection.

On veut pour la vérité religieuse une origine toute particulière en dehors de la raison. De là l'idée chrétienne (chrétienne théologiquement parlant) de trois révélations qui s'enchaînent en remontant jusqu'au premier homme. De fait pourtant je ne connois point de révélations dogmatiques. Les patriarches, comme on les nomme, avoient des traditions historiques, mais point de symbole proprement dit. Ils croyoient en Dieu, à la distinction du bien et du mal, à une existence future : mais qu'est-ce que cela, sinon les conditions indispensables de la vie intellectuelle et de la vie sociale, ou les conditions naturelles de l'existence du genre humain ? Moïse a prescrit des lois à un peuple, promulgué des préceptes ; il n'a révélé aucuns dogmes, ni Jésus-Christ non plus. Le dogme, en tant qu'objet d'une foi commandée et rigoureusement définie, commence avec ses disciples qui seroient, en ce sens, les vrais révélateurs. Et encore quel corps dogmatique trouve-t-on dans saint Paul et les autres apôtres ? Chacun d'eux, sur ce point, exprimoit sa philosophie particulière, des pensées difficiles souvent à concilier entre elles. Le dogme, c'est l'Église qui l'a fait par ses décisions réputées infaillibles. Et cependant que dit-elle de soi ? qu'elle conserve, interprète la révélation de Jésus-Christ, mais ne révèle rien d'elle-même. Donc une révélation et point de révélateur, ou un révélateur et point de révélation. On n'a le choix qu'entre l'un ou l'autre.

Les hommes, même aujourd'hui, ne conçoivent guère une religion qui reposeroit uniquement sur la raison et les instincts élevés de notre nature. Elle perdroit à leurs yeux de sa grandeur et presque toute son autorité, si elle n'avoit pour origine une révélation surnaturelle ou une action immédiate de Dieu, en dehors des lois qui président à tout le reste de la vie humaine. Le temps néanmoins paroît être venu où elle rentrera dans l'ordre de ces lois, au-dessus desquelles il n'en est point qui puissent avoir un caractère plus certain de divinité, puisqu'elles émanent directement et nécessairement de l'Auteur des êtres qu'elles sont destinées à conduire à leur fin. Ce qui fait que la foi aux révélateurs passés s'affoiblit et tend à s'éteindre, empêcheroit également qu'on eût foi à des révélateurs futurs. On ne croit plus aux miracles, on ne croit plus à l'inspiration, et ces croyances ne renaîtront point, parce que les causes qui les ont détruites augmentent incessamment de puissance. Observez le progrès de l'esprit humain dans cette voie. Ce n'étoit pas seulement à la religion que les anciens âges attribuaient une origine surnaturelle, mais encore à la société, aux métiers, aux arts, à toutes les inventions utiles. Lorsqu'on ne découvroit pas la cause prochaine d'un fait, on recouroit pour l'expliquer à la Cause suprême, à l'immédiate intervention de l'Être qui connoît et peut tout. Peu à peu le cercle immense de ces révélations s'est rétréci. Il ne contient plus que la religion. Bientôt il achèvera de se fermer, et l'homme comprendra qu'il n'existe qu'un ordre où tout se produit et s'enchaîne selon des lois permanentes, immuables, éternelles, dans une magnifique unité, image de l'unité de Dieu même.

Antérieurement à toute discussion de détail sur des faits particuliers positifs, on peut poser, au sujet de l'autorité extérieure dépositaire infaillible d'une révélation surnaturelle, cette question générale : Croyez-vous qu'il soit au pouvoir de Dieu d'établir une pareille autorité, de la rendre reconnoissable à certains signes évidents, et de suppléer ainsi, par une manifestation extraordinaire permanente des vérités qu'il importe à l'homme de connoître, à l'impuissance ou à la foiblesse de sa raison naturelle?

A une question telle que celle-là, ce qu'on éprouve d'abord, c'est le besoin de s'humilier le front dans la poudre, devant le Pouvoir infini sur lequel on vous interroge. Si c'étoit Dieu qui me tînt ce discours, je lui dirois :

Que suis-je en votre présence? C'est à vous de m'instruire ; répondez vous-même. Aux hommes ignorants et débiles comme moi, je répondrois :

Dieu peut tout ce qui est possible; il veut tout ce qui est sage. Qui oseroit se flatter de connoître certainement ce qu'il est sage à Dieu de vouloir, ce qui lui est possible, ou ce qui n'implique aucune contradiction avec l'essence des choses et avec leurs lois inviolables? Nous n'avons là-dessus d'autre lumière que celle de notre intelligence, quelle qu'elle soit, et cette première observation renferme déjà, sans que j'y eusse pensé, une sorte de réponse à la question que vous faites. Car, s'il existoit réellement une révélation surnaturelle en votre sens, une révélation supérieure à ma raison et dont l'objet seroit de la guider, elle dépendroit encore originairement, quant à sa possibilité connue de moi et par conséquent aux motifs premiers que j'aurois d'y croire, de ma seule raison, et participeroit dès lors, dans sa base et dans ses effets relativement à moi, de l'incertitude de cette même raison.

Mais allons plus avant. Révéler, c'est parler en un sens très-vrai. Dieu donc a parlé à l'homme. Je le crois; il ne s'agit maintenant que d'expliquer ce mot, qui peut, dans sa généralité, signifier plusieurs choses diverses.

Entendez-vous que Dieu, usant de moyens matériels, a produit extérieurement une suite de sons, qui, frappant l'ouïe des hommes qui écoutoient, a fait naître en eux certaines pensées? Mais quelle espèce de certitude un fait de cette nature peut-il offrir, quant à la cause immédiatement divine par laquelle on le suppose produit? Une voix résonne dans les airs; je vois là sans doute un phénomène extraordinaire, inexplicable pour moi dans l'état actuel de mes connoissances, mais dont rien ne me portera à chercher l'origine hors des lois naturelles, tandis que la logique aura quelque empire sur mon esprit : car, puisque l'effet est naturel, la cause, bien qu'ignorée, doit l'être aussi. Que si cette voix déclare être la voix de Dieu, son témoignage ne prouve rien, toute autre voix que celle de Dieu pouvant en dire autant, et une autre preuve est indispensable.

Entendez-vous que Dieu agit intérieurement sur l'organe, quel qu'il soit, de la pensée, pour éclairer l'intelligence ; qu'en se manifestant à l'esprit d'une manière plus nette et plus vive, il lui découvre des vérités qu'auparavant il n'apercevoit point, ou n'apercevoit qu'obscurément? Vous énoncez le simple fait de la pensée même et ne sortez point de l'ordre naturel. Point de pensée qui n'implique la vision primitive de Dieu, et par conséquent le concours de Dieu dans sa production. Vous parliez d'une révélation surnaturelle, et vous êtes encore dans l'enceinte des pures lois naturelles de la raison.

Appliquez ceci au révélateur secondaire, à l'homme médiateur entre Dieu et les autres hommes, vous en verrez naître aussitôt une nouvelle confirmation des conséquences où l'on vient d'être conduit. Cet homme, en effet, qu'est-il, si ce n'est un homme qui sait ce que les autres ignorent, ou qui sait mieux ce qu'ils ne savent qu'imparfaitement, en un mot, un homme dont la raison est plus éclairée et plus développée? Dès lors son enseignement se réduit à l'enseignement ordinaire de la raison et dépend des mêmes lois. Pas plus qu'un autre il n'a le droit d'exiger qu'on le croie aveuglément sur sa parole. Cette sorte de foi seroit téméraire, déraisonnable, absurde. On examine ce qu'il dit, on l'admet s'il paroît vrai, et s'il paroît faux, on le rejette. L'hypothèse contradictoire, dès qu'on l'analyse, d'une révélation surnaturelle, a pour but d'échapper à cette conséquence, en fournissant une base sur laquelle on puisse établir une autorité telle qu'on soit obligé de croire ce qu'elle dit, avant tout examen et indépendamment des résultats logiques de tout examen. La raison de croire alors est la parole de Dieu transmise par le révélateur secondaire. Fort bien, s'il est certain que Dieu a parlé au révélateur autrement qu'il ne parle à tous les hommes, et que le révélateur répète fidèlement la parole de Dieu. Or, quelle assurance en peut-on avoir? Ceci est un fait interne, sur lequel, d'une part, celui qui se persuade être l'organe de la révélation, peut très-aisément s'abuser, et qui, d'une autre part, n'ayant pas de témoins parmi les hommes, ne sauroit par conséquent trouver sa preuve dans un témoignage extérieur.

On a senti cette difficulté, on a vu qu'à moins de produire un genre de preuves spécialement applicables à ce cas spécial, on autoriseroit tous les visionnaires, tous les fanatiques, tous les imposteurs. C'est pourquoi l'on a exigé le pouvoir miraculeux en celui qui se dit inspiré, pour légitimer la croyance implicite, absolue, en dehors des lois naturelles de la raison qu'il demande de ceux qui l'écoutent.

Mais qui jugera des miracles eux-mêmes? La raison? Voilà donc encore la révélation surnaturelle qui retombe de fait dans le domaine et sous la dépendance de la raison naturelle. Quiconque doute du miracle, doit douter de la révélation ; et, indépendamment des difficultés sans nombre auxquelles donne lieu l'idée même de miracle, quelle assurance a-t-on de ne se point tromper dans l'appréciation particulière d'un fait supposé miraculeux? Donc, en réalité, nulle certitude que celle qui appartient proprement à la raison, c'est-à-dire que tant d'efforts pour s'élever au-dessus d'elle ont été vains.

Aussi, pour dernière ressource, a-t-on recours à l'autorité de l'Église pour déterminer certainement la nature des faits qui établissent celle des révélateurs. C'est, en dernier ressort, elle seule qui décide de leur caractère miraculeux. Mais son droit de décider suppose le miracle, et, par conséquent, son autorité n'en sauroit fournir la certitude. Voyez donc le cercle : sans miracle certain, point d'Église certaine; sans Église certaine, point de miracle certain. Après un travail gigantesque, on est forcé de s'arrêter là.

———

Sitôt que, par un point, on sort de l'ordre naturel, on est obligé d'en sortir par tous les autres. L'hypothèse d'une révélation en dehors des lois ordinaires de la connoissance et de la pensée, conduit nécessairement à en chercher la preuve dans un ordre de faits également en dehors des lois de la Création. Je suis divinement inspiré. — Prouvez-le : vous croire sur parole seroit folie. — Mais comment prouver à la raison naturelle ce qui est au-dessus de la raison naturelle? On ne sauroit rien prouver à la raison sans l'en rendre juge, sans nier dès lors ce qu'on veut prouver, c'est-à-dire le caractère distinctif, essentiel, de la doctrine qu'on ne suppose révélée surnaturellement qu'à cause de l'impuissance où est la raison de s'élever jusqu'à elle. La preuve donc, ne pouvant porter sur la doctrine, doit s'appliquer seulement à l'autorité du révélateur. De là le miracle ou la manifestation d'un pouvoir surnaturel, pour autoriser une révélation surnaturelle.

Mais le miracle est-il possible? Il faut, pour répondre, attacher d'abord un sens précis à ce mot. Or, on ne peut entendre par miracle qu'une de ces trois choses :

Ou un acte accompli en vertu de lois connues seulement de celui qui accomplit l'acte, inconnues aux autres hommes, ou même inconnues à la fois et de ceux-ci et du premier ;

Ou un acte qui, de toutes manières, surpasse la puissance de celui qui l'accomplit, ou paroît l'accomplir ;

Ou un acte qui émane directement de Dieu, et qu'il accomplit par l'efficace d'une volonté indépendante des lois naturelles des êtres créés, ou des rapports réciproques d'après lesquels les causes et les effets s'enchaînent régulièrement dans l'univers.

Selon le premier sens, le miracle n'étant que l'ignorance de la cause naturelle productrice du fait, il n'y auroit pas de miracle réel; et toutefois nul doute qu'une multitude de faits réputés miraculeux ne rentrent dans cette catégorie par leur caractère et leur origine.

Le second sens se résout manifestement dans le troisième; car, dès qu'on élimine comme cause d'un fait l'action naturelle de l'agent par qui ce fait paroît s'accomplir, il ne reste plus pour l'expliquer que l'action immédiate et surnaturelle de Dieu.

Mais arrivé là, on rencontre une contradiction absolue; car le fait même oblige à concevoir tout ensemble et la puissance qui agit pour l'accomplir, et le terme de son action, distinct d'elle. La puissance est divine, infinie, surnaturelle en ce sens; le fait est contingent, fini, naturel en ce sens; il a, sous ce rapport, des conditions d'existence aussi nécessaires que celles de Dieu même, et ces conditions d'existence sont précisément ce qu'on appelle les lois naturelles. Dieu a pu créer, et il a créé, et son action créatrice, dont le principe est en lui, est lui-même, ne sauroit être conçue que comme surnaturelle ou séparée de la nature, qui en est le terme, et au-dessus d'elle. Mais, en même temps, ce terme de son action n'a pu être réalisé, n'a pu exister que sous les conditions qu'implique son essence, que selon les lois de cette essence, qui sont les lois naturelles. Toute cause est effet, tout effet est cause, et toutes les causes et tous les effets s'enchaînent dans le tout par une nécessité intrinsèque qui se confond avec le fait même de l'existence de ce tout et de ses parties rigoureusement liées et ordonnées entre elles. Nier la cause immédiate et naturelle d'un fait, c'est nier ce fait même; car cette cause n'est que la condition, le mode essentiel et nécessaire de son existence. Prouver un fait supposé miraculeux, c'est prouver qu'il n'est pas miraculeux ou hors de la nature et de ses lois.

Il y a des miracles quand on y croit; ils disparoissent quand on n'y croit plus.

Un instinct fondé sur une vérité profonde, mais confusément aperçue, a porté, en tout temps, les hommes à attribuer immédiatement à Dieu toutes les origines, et très-souvent ils ont ainsi divinisé leurs propres œuvres. Ainsi, jadis, aucun état à l'établissement duquel la Divinité n'eût présidé par une intervention directe. Elle inspiroit les législateurs, elle instituoit même quelquefois les chefs destinés à conduire le peuple ; et la raison en est, d'une part, que toujours on reconnut dans la loi immuable et universelle constitutive de toute société, une autorité indépendante de la volonté humaine, et, d'une autre part, que les hommes, ayant toujours eu le sentiment de leur égalité native, dès qu'un homme essayoit de se poser lui-même comme pouvoir, il falloit, pour fonder son droit, qu'il recourût à une institution positive de Dieu, de laquelle dérivoit le devoir de l'obéissance.

Bien plus nécessairement encore les sacerdoces privilégiés formant un ordre, une classe distincte, une corporation séparée du reste du peuple qui lui étoit soumis dans les choses de la religion, ont-ils dû rapporter leur origine à une semblable institution; et c'est, en effet, ce qui s'est vu partout, depuis les plus anciennes époques de l'histoire. Le sacerdoce catholique n'offre, sous ce rapport, rien qui lui soit particulier. Entre lui et les autres sacerdoces, il n'existe qu'une question de fait, savoir quel est celui qui prouve le mieux historiquement son origine vraiment divine.

Mais quelle est en ce genre la valeur des preuves historiques, même lorsqu'elles auroient comme telles le degré de force que chacun attribue aux siennes? N'impliquent-elles pas au moins, pour être admises, la possibilité du fait qu'elles servent à établir? Et quand ce fait ne seroit pas directement démontré impossible, s'il répugne à un certain ensemble d'idées et de sentiments impérissables dans l'homme, celui-ci ne sera-t-il pas invinciblement conduit à repousser cette espèce de preuves si complexes d'ailleurs, si hétérogènes, et qui supposent constamment la décision du point principal qu'il s'agit de prouver, savoir, que l'intervention divine surnaturelle soit compatible avec les lois mêmes émanées de Dieu, les lois générales qui gouvernent les êtres, selon leur nature invariable. Or, c'est par là que jusqu'à présent tous les sacerdoces ont péri. Ils vivoient de la foi qu'on avoit en eux; cette foi a eu son terme, non que les hommes en soient sortis volontairement et comme de dessein prémédité, mais le flot de la pensée les a peu à peu entraînés loin d'elle.

Le catholicisme dit : Il existe des vérités tout à la fois indispensables à l'homme et inaccessibles à l'homme. Dieu les a révélées à quelques-uns chargés par lui de les annoncer aux autres, et de se choisir des successeurs qu'il assistera comme eux surnaturellement, pour que l'enseignement de ces vérités ne défaille jamais dans le monde et n'y soit jamais altéré.

Une première chose frappe d'abord en cela ; c'est que la nécessité de connoître ces vérités soit universelle, et que le moyen de les connoître ne le soit pas ; car on a beau dire qu'il l'est par le but de son institution, évidemment il ne l'est pas de fait, ne peut le devenir qu'avec une très-longue durée de temps, à l'aide de circonstances naturellement inespérables ; et encore, en ce cas même, est-il certain que l'universalité ne seroit que morale et non absolue ? Évidemment donc, le moyen choisi de Dieu n'est pas proportionné à la fin voulue de Dieu, si Dieu veut réellement que tous les hommes participent à la connoissance des vérités indispensables que conserve et promulgue la hiérarchie.

Mais en quel sens ces vérités sont-elles inaccessibles à l'homme? Elles ne peuvent l'être que de trois manières : ou parce que les hommes n'en sauroient avoir aucune notion, ou parce qu'ils ne sauroient comprendre parfaitement la notion nette en soi que l'enseignement leur en donne, ou enfin parce qu'ils n'auroient pu arriver par eux-mêmes à cette notion, la découvrir par le seul usage de leur raison naturelle.

Selon le premier sens, manifestement inadmissible, il n'existeroit même pas de révélation proprement dite. Le sacerdoce, en proclamant la formule du dogme, le peuple en répétant cette formule, proféreroient des paroles vides, de vains sons qui ne correspondroient à aucune idée; et, par conséquent, dans cette hypothèse contradictoire avec la base même du système qu'on examine, les hommes n'auroient pas acquis la connoissance d'une seule vérité.

Que si les vérités conservées par le sacerdoce sont inaccessibles à l'homme uniquement en ce sens que, bien qu'elles offrent une notion nette à son esprit, il ne sauroit néanmoins les comprendre qu'incomplétement et imparfaitement, sous ce rapport elles ne forment point une classe particulière de vérités spécifiquement différentes des autres; car, au fond, l'homme ne comprend rien complétement et parfaitement : la conception trouve partout des bornes, le mystère est partout, et, à certains égards, dans le grain de sable plus qu'en Dieu même; car, outre le mystère de l'infini auquel conduit toute existence, le grain de sable renferme encore les nombreux mystères du fini également certes impénétrables, et celui de son union avec l'infini dans lequel il a sa racine. Les vérités qui sont l'objet de l'enseignement sacerdotal ne seroient donc point, dans cette seconde hypothèse, plus inaccessibles que toutes les autres, et, de plus, l'on ne voit pas pourquoi il faudroit, pour en conserver la connoissance, un moyen particulier surnaturel. Aucune idée ne se perd dans le monde, au sens que détermine cette discussion; elle y demeure invariable en tant qu'idée : ce qui varie, ce qui change, c'est le degré de clarté dans la conception qu'on en a. Or, le sacerdoce déclare qu'il n'est point établi pour développer la conception, mais pour conserver la notion en partie incompréhensible. Quel besoin pour cela d'une assistance spéciale et surnaturelle de Dieu? Et les notions, les vérités également incompréhensibles en partie qui forment le fondement de chaque science, ne se conservent-elles pas sans altération par la voie naturelle de l'enseignement purement humain?

Reste le troisième sens, d'après lequel les vérités dont le sacerdoce est le dépositaire seroient inaccessibles à l'homme uniquement parce que l'homme n'auroit pu y arriver par sa seule raison. On conçoit qu'un fait contingent placé hors de la sphère d'observation possible à l'homme, dût rester à jamais inconnu de lui, s'il n'en étoit instruit par un autre moyen; mais il n'en est pas ainsi de tout ce qui a le caractère de nécessité, et toute idée est accessible à toute raison, autrement elle ne pourroit même en saisir la notion lorsqu'on la lui présente; les mots qui l'expriment n'auroient pour elle aucun sens. De plus, cette notion une fois acquise, n'importe par quelle voie, rentre, quant au moyen de la conserver, dans la classe de toutes les autres notions. Évidemment, pour conserver la connoissance que réveillent ces paroles : « Il existe un Être éternel, infini, créateur du monde, » une assistance spéciale, divine, n'est pas plus nécessaire que pour conserver la connoissance d'une autre vérité quelconque : et presque toutes les vérités connues de la généralité des hommes n'ont même été originairement connues que d'un seul ou de quelques-uns, et ainsi elles ont en ce sens, relativement au très-grand nombre de ceux qui les connoissent, une révélation pour origine. S'en sont-elles moins conservées naturellement?

Mais, en outre, il ne paroît pas que l'hypothèse que nous discutons fût admise des premiers chrétiens. Si les vérités évangéliques eussent été alors jugées inaccessibles à la raison humaine naturellement unie à Dieu et éclairée de *la lumière qui illumine tout homme venant en ce monde,* comment la plupart des Pères grecs auroient-ils fait tant d'efforts pour prouver qu'on les retrouvoit, quoique moins exactes et moins pures, dans Platon et d'autres philosophes antérieurs au christianisme? Jésus-Christ lui-même ne dit point qu'il soit venu annoncer des vérités nouvelles, et non-seulement il ne le dit point, mais il dit le contraire expressément. Sa mission est d'accomplir la loi par le sacrifice de lui-même, et la doctrine qu'il enseigne au peuple il la résume, non dans un symbole, mais dans un précepte, celui de l'amour : « Tu aimeras Dieu de tout ton esprit, de tout ton cœur et de toutes tes forces ; » voilà le premier et le plus grand commandement. Le second lui est semblable : « Tu aimeras ton prochain comme toi-même. » Ces deux commandements renferment tout, *la loi et les prophètes;* ils embrassent le passé, le présent, l'avenir ; toujours les mêmes, quels que puissent être les progrès du genre humain dans un autre ordre, le développement de la science et de la conception, ils resteront à jamais sa règle invariable et son principe de vie.

L'amour est dans la nature ; l'enfant à peine né apprend donc à aimer ses parents, ceux qui le soignent et l'entourent, et l'amour à cet âge est le lien de la foiblesse et de la force. Dès que la pensée commence à poindre, on tourne son intelligence vers Dieu, et on lui enseigne à l'aimer aussi, à l'aimer plus que toutes choses. De là deux effets admirables. L'objet infini de ce dernier amour prête à la puissance d'aimer un caractère infini comme lui, d'où un amour des hommes plus vif, plus profond, plus persévérant. En outre, à mesure que l'on acquiert l'expérience de ceux-ci, le cœur se retire d'eux, car on n'y trouve rien de ce qu'on se figuroit dans les premières illusions de la vie qui s'évanouissent si vite, et l'amour s'éteindroit en nous, s'il n'avoit un terme dont la perfection éternellement inaltérable lui est un aliment perpétuel. Qui n'aime pas Dieu n'aime rien, et c'est en ce sens surtout que la religion est le vrai fondement de la société humaine.

―――――

Le christianisme a commencé par quelques vérités aussi simples que fécondes, puisées dans les entrailles de la nature humaine, et qui développèrent un amour puissant, immense, inépuisable. Là où est l'amour, c'est-à-dire la vie, et une pensée, une forme, il se fait un corps. Le christianisme s'organisa donc, devint une société. Cette société crût, elle se créa une philosophie qui fut le dogme. Durant ce progrès, elle eut à défendre d'abord son existence comme société : ce fut le temps des persécutions; puis, sous l'impulsion du premier enthousiasme, de la foi primive, qui, successivement modifiée par le dogme, devint peu à peu moins simple et moins grande, elle atteint, au moyen âge, les dernières limites de sa croissance et de sa vigueur. Alors vient la décadence. La vérité première et le premier amour, immortels l'un et l'autre, réagissent contre l'organisation, qui a pris un autre caractère, et qui les étouffe. La raison et la science réagissent contre la philosophie dogmatique qui, se prétendant le vrai absolu, arrête le développement nécessaire de l'esprit humain. Le christianisme perd de plus en plus son action sur la société ; il n'est plus guère qu'une conviction, ou même une habitude purement individuelle. La pensée s'émancipe, elle soulève les controverses fondamentales. L'Église combat pour sa doctrine d'abord : cette époque a encore des côtés magnifiques. Puis les attaques se multiplient, la défense cesse. Ce qui reste, ce n'est plus une Église, c'est un clergé, une sorte de classe inférieure de fonctionnaires publics qui se cramponnent à leurs places, et en serrent avidement le salaire dans un pan de la robe sacerdotale.

———

On défend aujourd'hui singulièrement le catholicisme. « Trois classes d'hommes, dit-on : le peuple, incapable de savoir et de comprendre, et qui, en chaque pays, reçoit aveuglément l'enseignement qui lui est donné ; les classes plus élevées, qui, sous ce rapport, ne diffèrent pas du peuple ; les hommes de génie, entraînés plus que les autres et dominés par l'esprit de leur siècle. Or, qu'est-ce que l'esprit du siècle ? Le mouvement de la raison humaine, mouvement stérile qui ne produit rien que de vaines et fausses opinions, raison impuissante qui par elle-même ne sauroit arriver à la vérité. Donc nulle espérance du vrai, à moins que Dieu n'instruise directement le genre humain, et c'est ce qu'il a fait. Il a parlé au premier homme, puis au législateur d'Israël, puis une dernière fois par Jésus-Christ ; et l'Église catholique, dépositaire de sa parole, la conserve en vertu d'une assistance surnaturelle, et l'interprète infailliblement (1). »

Voilà qui est bien, mais comment m'assurer de tout cela ? Comment croire ce que vous dites sans tomber dans l'absurde, ou dans la

---

(1) Ceci est, en peu de mots, l'analyse donnée par les journaux de conférences religieuses faites à Paris en 1835.

contradiction ? Vos discours m'ont-ils convaincu, vous m'apprenez vous-même à me défier de cette conviction qui n'a de valeur que celle de ma raison même, dont la foiblesse est telle que je serois, selon vous, insensé de lui accorder la moindre confiance. Que si, au contraire, vous ne m'avez pas convaincu, expliquez-moi sur quel fondement je croirai sans absurdité.

Ce n'est pas tout encore ; je vous demande pourquoi ces efforts de votre part pour me persuader ? Vous avez commencé par récuser la raison humaine à cause de son impuissance, et voilà maintenant votre raison qui se met en travail pour convaincre la mienne. Mais songez donc que je ne puis seulement vous écouter, que vous ne pouvez vous-même raisonner, parler, sans détruire la base de votre enseignement. Si vous prétendez prouver quelque chose, il y a donc, selon vous, des preuves et des preuves certaines. Or, qu'est-ce que cela, sinon rendre à la raison humaine ce que vous lui avez ôté originairement? Que si vous ne prétendez rien prouver, toutes vos phrases se réduisent à ceci : Croyez ce que je crois, parce que je le crois, sans aucune raison d'y croire.

Et puis ce peuple qui partout se soumet nécessairement en aveugle à ce qu'on lui enseigne, ce peuple qui, en dernière analyse, se compose également, en ce qui touche la vérité religieuse, des savants et des ignorants, des simples et des hommes de génie, c'est-à-dire, de tout le monde, en quel genre de relation l'établissez-vous avec l'Église catholique? Et d'abord, comment cette Église s'est-elle fondée primitivement? Les premiers chrétiens, eux aussi, ont-ils cru aveuglément? Alors que conclure d'une pareille croyance en faveur de la vérité de cette même croyance? Ont-ils cru, au contraire, parce que leur raison était convaincue? En ce cas, d'après vos principes, ils auroient cru en insensés, et leur foi reposeroit sur le plus ruineux de tous les fondements.

Que conclure encore de là ? Je conçois qu'aujourd'hui l'on soit catholique, parce qu'on est né dans le catholicisme. Mais ceux qui ne l'ont pas été en naissant, leur imposerez-vous l'obligation de le devenir plus tard ? Si vous répondez affirmativement, de toute nécessité il faudra que vous soumettiez le catholicisme à leur raison impuissante, ou que vous leur fassiez un devoir de l'embrasser sans aucune raison, après avoir, de plus, déclaré que cet acte leur étoit impossible. Si vous répondez négativement, le catholicisme n'est donc qu'un état privilégié auquel participe une petite portion du genre humain, par une disposition spéciale de la Providence; il est un avantage particulier pour quelques-uns, il n'est pour aucun une nécessité. Et comment concilier cette hypothèse avec les doctrines fondamentales du catholicisme même ?

Il ne faut pas examiner par la raison les dogmes révélés qui sont au-dessus de la raison, mais seulement les preuves historiques de la révélation même.

Cette proposition contient deux parties, et, dans chacune de ces parties, elle est inadmissible : car, d'une part, les raisons qu'on donne pour ne point examiner le dogme vont directement à détruire l'autorité du dogme ; et, d'une autre part, les preuves de la révélation impliquent forcément l'examen du dogme ; de sorte que cette méthode, loin de fournir une base solide à la foi, roule dans un cercle vicieux, et renferme une contradiction radicale.

Et premièrement, soustraire à la raison le dogme révélé, c'est le soustraire à l'intelligence. Celle-ci n'en peut saisir la notion sans qu'elle n'adhère à cette notion, ou qu'elle n'y répugne, c'est-à-dire sans qu'elle ne lui paroisse vraie ou fausse. Entre ces deux termes est le doute. Dans ce dernier cas, point de croyance. Dans chacun des deux autres, la raison opère selon ses lois naturelles, et le dogme révélé ne diffère aucunement, quant à ses rapports avec elle, de toute autre notion, de toute autre idée, quelle qu'elle soit.

Que si l'esprit adhère au dogme uniquement par obéissance à l'autorité extérieure qui le déclare vrai, ou cette adhésion s'attache à une notion intelligible, et alors le dogme retombe nécessairement dans le domaine de la raison ; car tout ce que la raison saisit, embrasse à quelque degré, est, à ce même degré, soumis aux lois de la raison : ou l'adhésion ne s'applique point à une notion intelligible, et dès lors elle ne sauroit être un acte de croyance. C'est pourquoi la croyance véritable varie dans les esprits divers, suivant la notion que chacun d'eux se fait du dogme ou de l'objet de la foi.

Les effets supposés d'une croyance qu'au-

cune cause intrinsèque ne détermineroit, ne
s'expliquent pas plus aisément que la croyance
même. Comment l'aveugle adhésion à un
dogme en dehors et au-dessus de la raison,
qu'elle n'a point examiné primitivement,
qu'elle ne doit point ensuite essayer de concevoir, parce qu'elle l'essaieroit vainement,
dont elle ne peut dès lors rien conclure ; comment, dis-je, cette foi indéfinissable change-
roit-elle tellement l'état de l'homme, que sa
nature en seroit radicalement régénérée? A
cela on répond de nouveau : Croyez et n'exa-
minez point. Mais le motif de croire ? car encore en faut-il un, quel qu'il soit, si l'on ne
veut pas justifier tous les fanatismes. Ici arrive
la seconde partie de la proposition, suivant laquelle le motif de croire, intrinsèque au
dogme, consiste dans les preuves historiques
de la révélation.

Mais les preuves historiques de la révélation
supposent la solution des problèmes antérieurs
qu'enveloppe le dogme révélé. Car il seroit

très-absurde de dire qu'on prouve historiquement quelque chose d'impossible et de contradictoire. Il faut donc que la preuve de la possibilité du fait précède la preuve du fait. Or, cette première preuve implique rigoureusement la connoissance certaine des lois de Dieu et des lois générales de la Création, lesquelles lois sont le dogme même.

De plus, ces preuves qu'on nomme historiques sont ou purement naturelles, et alors elles ne peuvent servir à établir l'ordre surnaturel avec lequel elles n'ont aucune sorte de liaison ; ou surnaturelles, et alors, étrangères à la raison, au-dessus d'elle et en dehors d'elle, elles ne prouvent rien pour elle.

Evidemment donc elles ne peuvent avoir qu'une valeur subordonnée. On croit prouver historiquement que saint François-Xavier a été vu simultanément en plusieurs lieux. Je suppose des témoignages nombreux, concordants, inattaquables sous le rapport de la sincérité des témoins et de leurs lumières ; la preuve sera complète en tant qu'historique ou en tant qu'elle repose sur le témoignage. Cependant croirez-vous au fait attesté? Jamais, parce que ce fait, opposé aux lois certainement connues, implique une contradiction essentielle, absolue, savoir que deux étendues réelles et distinctes ne soient qu'une seule et même étendue. Quand donc on essaye de résoudre les questions que fait naître l'hypothèse d'un ordre de dispensations et de vérités surnaturelles, non par l'examen direct de ces questions mêmes, mais indirectement par des preuves historiques qu'on appelle motifs de croyance, on ne prouve rien effectivement, on ne résout rien, et l'on est toujours contraint, quoi qu'on fasse, d'en revenir à une discussion qui porte sur le fond même des choses.

D'ailleurs, qu'on prétende, comme cela s'est vu, autoriser par des faits surnaturels des doctrines réciproquement contradictoires, par exemple l'unité de Dieu et la pluralité des dieux, et que, de part et d'autre, on produise des témoignages légitimes; alors ce ne seront plus les preuves historiques ou les faits allégués qui autoriseront le dogme, ce sera le dogme qui autorisera les preuves historiques. L'Église, en effet, n'enseigne-t-elle pas que, si l'on juge de la doctrine par le miracle, on juge aussi du miracle par la doctrine? Et forcée dès lors de se réserver le jugement de l'un et de l'autre, les preuves de l'un et de l'autre viennent, en définitive, se résoudre toutes dans son autorité, qui reste elle-même sans preuves.

———

La raison ne sauroit aller au delà d'elle-même, et ainsi la règle comme la dernière garantie de l'individu est la raison de l'espèce. Mais la raison divine n'est-elle donc pas au-dessus? Certainement oui, elle est au-dessus. Mais qui la reconnoît? Encore la raison humaine. Impossible de sortir de là. D'ailleurs la raison humaine n'est radicalement qu'une communication de la raison divine; elle n'en diffère que comme le fini diffère de l'infini, comme le rayon diffère du soleil. Quand on les oppose on ne dit donc rien.

Vous dites : Je suis catholique, et comme catholique, je possède la vérité pure, absolue; il est impossible que je m'abuse, impossible que j'erre, j'en ai l'intime, la pleine conviction.

Que vous ayez, en effet, cette conviction, nul doute. Mais affirmez-vous simplement votre conviction, ou bien affirmez-vous, en outre, la certitude de votre conviction, je veux dire, que l'objet de votre conviction soit certainement vrai?

Si vous affirmez simplement votre conviction, comme elle n'est pas d'une autre nature que celle des autres hommes, elle peut être vraie ou fausse, droite ou erronée.

Or, votre conviction n'étant que l'assentiment complet, absolu, à l'idée qui en est l'objet, est identique avec votre foi. Si donc votre conviction peut être droite ou erronée, vraie ou fausse, votre foi peut être également vraie ou fausse, droite ou erronée.

En tant que catholique vous ne pouvez avouer cela.

Vous êtes donc forcé d'affirmer non-seulement votre conviction, mais encore la certitude absolue de votre conviction.

Or, votre conviction repose sur des jugements, des raisonnements, dont elle est la conclusion, le résultat dernier, en un mot, sur des actes de votre raison. Affirmer la certitude absolue de votre conviction, c'est donc affirmer l'infaillibilité absolue de votre raison. L'oseriez-vous? Et si vous l'osiez, tout autre n'auroit-il pas le même droit d'affirmer sa propre infaillibilité?

A cela vous dites : Ma conviction ne repose pas uniquement sur des jugements, des raisonnements, sur de purs actes de ma raison, mais aussi sur une impression immédiate de Dieu au dedans de moi, sur une inspiration de sa grâce.

Comment le savez-vous ? comment connoissez-vous certainement cette inspiration ?

Si par votre raison, vous n'en pouvez être absolument certain, à moins que votre raison ne soit infaillible absolument : ce qui ramène l'hypothèse déjà discutée et ses conséquences.

Si par un sentiment, une illumination interne, distincte de la raison et indépendante de la raison, ce sentiment doit être également infaillible, pour que votre conviction ou votre foi soit certaine absolument.

Donc toujours il vous faut, pour affirmer la certitude de votre conviction ou de votre foi, affirmer d'abord votre infaillibilité personnelle.

Mais que vous possédiez une infaillibilité

personnelle soit de raison, soit d'inspiration ; dans les deux cas, y croire, l'affirmer, c'est nier le principe même du catholicisme. Car le catholicisme a pour base l'impuissance supposée de tout homme, quel qu'il soit, d'arriver à la vérité religieuse soit par la raison, soit par le sentiment, l'inspiration individuelle, et sur la nécessité dès lors d'une révélation extérieure, conservée et interprétée par une autorité extérieure, à laquelle chacun doit se soumettre sans examen, ou indépendamment des résultats de tout examen. En d'autres termes, la foi absolue que le catholicisme commande se résout dans l'infaillibilité absolue de l'Église, qui se résout elle-même dans l'infaillibilité absolue de Dieu.

Soit que vous alléguiez la raison ou l'inspiration, ou l'une et l'autre ensemble, pour légitimer votre foi, vous vous déclarez donc catholique en vertu de la négation même du catholicisme.

On dispute sur des points de la métaphysique la plus subtile, par exemple, tout ce qui regarde l'essence de Dieu. Une décision survient : il faut s'y soumettre sous peine d'éternelle damnation. Pourquoi? parce que toute raison est tenue de s'humilier devant la raison divine, parce qu'on est obligé de croire Dieu lorsqu'il parle : et tous les théologiens, en effet, résolvent dans l'obligation de croire Dieu l'obligation de croire l'Église.

Qu'on soit obligé de croire Dieu, personne ne le conteste. Qui s'imagineroit connoître Dieu mieux qu'il ne se connoît lui-même? Lors donc qu'on rejette une décision de l'Église, ce n'est pas qu'on refuse de croire à la parole de Dieu, c'est qu'on est convaincu que la décision de l'Église n'est pas la parole de Dieu, ou même y est contraire.

Que cette conviction soit vraie ou fausse,

toujours est-il que celui qui l'a ne peut croire à la décision opposée de l'Église, sans violer le principe que l'Église même donne pour fondement à son autorité. Car, selon ce principe, on doit dire : Je crois ce que l'Église a décidé, parce que c'est certainement la parole de Dieu; et dans le cas posé, on ne pourroit rien dire, sinon : Je crois ce que l'Église a décidé, quoique très-convaincu que ce n'est pas la parole de Dieu.

En raison, ce langage seroit évidemment absurde, et, en aucun cas, se soumettre ainsi, ce ne seroit obéir à Dieu. Or, l'obligation d'obéir à Dieu ou de croire Dieu, est identique, selon la doctrine de l'Église même, avec l'obligation d'obéir à l'Église ou de croire l'Église. Si donc on est convaincu que cette décision de l'Église n'est pas la parole de Dieu, on ne doit pas y croire, selon la doctrine même de l'Église. Et comme le péché qui emporte damnation, consiste, selon la même doctrine, à refuser de croire Dieu, celui qui refuse de croire l'Église, parce qu'il est convaincu que sa parole n'est pas celle de Dieu, loin d'outrager Dieu, loin de commettre un crime, loin d'encourir la damnation qui est la peine de ce crime, est précisément dans la disposition de cœur et d'esprit que l'Église non-seulement recommande, mais exige expressément.

Il faut donc, dans cette hypothèse, poser une autre obligation qui sera celle de croire que tout ce que l'Église dit, Dieu le lui a dit; qu'elle ne peut jamais que répéter sa parole sans aucun mélange, sans aucune altération.

Mais sur quoi sera-t-on obligé de croire cela?

Sera-ce sur l'autorité de l'Église elle-même, comme on l'enseigne communément? Mais 1° cette autorité n'auroit d'autre fondement qu'elle-même, ce qu'elle n'admet pas; 2° elle ne s'établiroit que par un cercle manifestement vicieux; et, réduits à leur expression la plus générale, l'acte de foi et la raison de l'acte de foi, considérés dans l'Église une, se résumeroient ainsi : Je crois en moi, parce que je crois en moi ; et pour chaque individu : Je crois à l'Église, parce que je crois à l'Église ; car la foi de chacun n'est et ne peut être qu'une individualisation de la foi commune.

Sera-ce, pour chaque homme, d'après sa raison propre, son jugement particulier ? Nous voilà donc dans le protestantisme. En ce cas, quiconque ne croira pas, sera justifié de ne pas croire ; car en ne croyant pas comme en croyant, évidemment il aura suivi son jugement particulier.

Sera-ce la raison de tous ou la raison universelle ? D'abord l'Église ne veut pas de cette base ; et en effet, si la raison de tous est la base de l'Église, son autorité, antécédente à l'autorité de l'Église, lui est supérieure, et l'Église a sur la terre un juge en dehors d'elle. Car, s'il arrivoit que la raison de tous, la raison commune se trouvât sur un point quelconque en opposition avec l'Église, qui l'emporteroit ? la raison commune ? Alors on peut toujours appeler de l'Église à la raison commune. Si c'étoit l'Église qui dût l'emporter, alors sa base seroit renversée par elle-même; car si la raison commune, fondement de la foi à l'autorité de l'Église, n'est pas infaillible, si elle peut errer, l'autorité de l'Église n'a manifestement rien de certain.

De plus la raison commune ne rend pas directement témoignage à l'Église. Ce témoignage, en tant que probant, doit, quelle qu'en soit la force, se déduire par voie de raisonnement, comme conséquence de certaines prémisses, comme application particulière d'un axiome général, application sur laquelle on sera toujours extrêmement loin d'être d'accord, et dont la légitimité, à l'égard de chacun, dépendra dès lors de sa raison individuelle. Ce qui, ramenant nécessairement à la seconde hypothèse, ramène aussi ses inconvénients.

Quoi donc? faut-il renoncer à toute certitude en matière de religion? Ne reste-t-il que le doute sur ce qui intéresse le plus l'homme ? Non certes. Mais il faut renoncer à une certitude impossible et contradictoire, il faut renoncer à l'hypothèse d'une intervention surnaturelle de Dieu, hypothèse qui ne sauroit soutenir un examen sérieux. Trouve-t-on que les lois de la vie physique, révélées par l'instinct en ce qu'elles ont d'essentiel, confirmées par l'expérience, conçues et justifiées progressivement par la raison, puissent être l'objet d'un doute réel, qu'elles ne soient pas assez certaines ? Or, les lois de la vie supérieure, certaines de la même manière et au même degré, ne sauroient davantage être révoquées en doute. Connues par les mêmes moyens, les unes et les autres ont toute la certitude que notre nature comporte. Et comment existeroit-il pour aucun être une certitude au-dessus de sa nature, hors de sa nature, ou sans relation possible à lui ? Vainement on essaieroit d'imaginer une contradiction plus absolue. En voulant ce qui n'est pas ni ne peut être, en sortant de soi pour se placer en des rapports fictifs avec Dieu, on n'affermit rien, on ébranle tout bien au contraire, et c'est une des causes qui, de notre temps, a le plus contribué à répandre, avec l'esprit d'incrédulité, *les désolantes doctrines* dont parle Rousseau.

———

Un homme d'une rare intelligence et d'une parfaite bonne foi me disoit un jour : « Si je n'étois pas catholique, soumis à toutes les décisions de l'Église et du pape, quelque opposées qu'elles soient à ma raison propre, toutes mes croyances s'évanouiroient, je n'en pourrois conserver aucune, et mon esprit ne s'arrêteroit que dans le scepticisme absolu. » Ces paroles m'étonnèrent de la part d'une personne d'un grand sens, qui a beaucoup voyagé, beaucoup vu le monde, ce qui ne dispose guère aux opinions excessives. Je lui témoignai ma surprise d'entendre avancer un paradoxe si peu vraisemblable, et voici la conversation que nous eûmes ensemble à ce sujet.

— Ce n'est point du tout un paradoxe, mais un fait certain. Je le répète, je ne croirois à quoi que ce soit, si, sur un seul point, je me permettois le doute, lorsque l'Église décide; et pour moi le pape et l'Église, c'est un.

— Pour abréger, disons donc l'Église. Ainsi, que l'infaillibilité de l'Église catholique vous devienne douteuse, vous douterez de tout, vous serez sceptique absolument.

— Oui, encore une fois.

— Encore une fois aussi, vous m'étonnez beaucoup. En vertu de quoi, je vous prie, croyez-vous à l'Église et à son infaillibilité?

— J'y crois, parce que sans cela je ne croirois à rien.

— N'avez-vous que cette raison d'y croire?

— Elle suffit bien, ce me semble.

— C'est-à-dire que, pour croire à quelque

chose, vous croyez à l'Église par un pur acte de votre volonté que ne détermine aucun autre motif. Mais la foi que vous accordez ainsi à l'Église catholique, vous pourriez également l'accorder à toute autre Église, à un homme quelconque, à vous-même enfin en chaque cas particulier où vous voudriez sortir du doute. Vous pourriez dire, je crois cela parce que je veux le croire.

— Non, je ne le pourrois pas ; je sens que j'ai besoin d'une autorité extérieure pour fixer mes incertitudes et pour affermir ma croyance incomplète et vacillante.

— Au moins n'en avez-vous pas eu besoin pour croire fermement à cette autorité même, et ainsi votre propre expérience semble contraire à votre assertion. Mais je vous ai demandé de plus pourquoi vous ne croiriez pas aussi bien à toute autre Église qu'à l'Église catholique, au Mufti même, au grand Lama, ou à un collége de Brames ?

—Cela est bien différent. L'Église catholique

s'attribue seule l'infaillibilité, et c'est l'infaillibilité que je cherche comme l'unique moyen d'échapper au doute.

— Il seroit très-possible qu'ici vous prissiez la forme pour le fond. Quelque diverses que soient les formes d'enseignement et de jugement, toute société religieuse suppose de fait sa propre infaillibilité, puisqu'une foi parfaite en ce qu'elle enseigne est le premier devoir qu'elle impose à ses membres. Elle meurt lorsque le doute remplace la foi; et d'ailleurs il n'en est aucune qui ne se prétende surnaturellement établie, surnaturellement éclairée. Mais je vous ferai une autre question. Si une communauté, un homme venoit vous dire; si moi, par exemple, je vous disois : Je suis infaillible, croyez en moi; ne faudroit-il que cela, et me croiriez-vous sur parole?

— Assurément non; il faudroit me prouver que réellement vous êtes infaillible.

— Et l'Église catholique?

— L'Église catholique fournit pour elle-même cette preuve que je vous demanderois pour vous.

— A merveille; mais ne dites donc plus que votre motif de croire à l'Église est qu'autrement vous ne croiriez à rien. Vous croyez en elle parce qu'à vos yeux son autorité infaillible repose sur des preuves suffisantes pour convaincre votre raison, pour entraîner son assentiment.

— Il est vrai, j'en conviens ; mais que concluez-vous de là ?

— Vous le verrez tout à l'heure. Veuillez seulement me dire s'il y auroit des preuves possibles pour celui qui douteroit de tout, qui n'admettroit rien de certain. Prouver, n'est-ce pas uniquement montrer la liaison nécessaire entre une chose certaine, ou réputée telle, et une autre chose que cette liaison reconnue rend également certaine et au même degré ?

— Ceci est incontestable.

— Donc, pour être certain de l'infaillibilité

de l'Église, pour qu'elle vous soit prouvée, il faut qu'auparavant vous soyez certain de quelque autre chose. Or, comment ce qui pour vous étoit certain avant que vous crussiez à l'Église, et qui continue d'être pour vous la preuve de l'Église, deviendroit-il pour vous incertain après que vous avez cru à l'Église?

— Je n'ai rien dit de pareil.

— Vous l'avez dit équivalemment, lorsque vous avez affirmé que vous ne croiriez plus à rien, si vous cessiez de croire à l'Église. Vous croiriez au moins à tout ce en vertu de quoi vous croyez maintenant à l'Église elle-même.

— Je parlois seulement des croyances morales et religieuses.

— Quoi! Dieu n'est-il pas l'objet d'une croyance religieuse? Et comment avez-vous pu croire que l'Église étoit établie de Dieu, conservoit et interprétoit infailliblement la parole de Dieu, si préalablement vous ne croyiez en Dieu? Vous croyiez encore à la loi morale et à sa sanction, à un état futur de peines et de récompenses ; car ce n'est pas l'Église qui a introduit cette croyance dans le monde. Son existence l'implique, l'implique à la fois et comme certaine et comme antérieure à elle. C'est le point d'appui, la base de sa prédication, et elle n'a ni raison ni but en dehors de cette vie future.

Remarquez en outre qu'en déclarant qu'elle seule vous sépare du scepticisme, vous déclarez qu'avant Jésus-Christ vous auriez été certainement sceptique. Donc, ou tous ceux que l'Église elle-même nous propose pour modèles à ces époques reculées étoient parfaitement déraisonnables de croire, ou vous seriez vous-même déraisonnable de ne croire pas quand vous n'admettriez point l'infaillibilité de l'Église. Est-il naturel de penser que le scepticisme dût être l'état du genre humain avant Jésus-Christ? Et comment la foi seroit-elle sortie du doute universel? N'est-ce pas là une contradiction dans les idées et les termes mêmes? S'il n'existe de foi raisonnable et certaine que par l'Église, les protestants, les juifs, les musulmans, tous les hommes enfin, aux catholiques près, seroient des imbéciles de croire en Dieu et aux principes de la justice. Qu'en dites-vous?

— Ce que je dis, c'est que je serois sceptique si je cessois d'être catholique.

Cet entretien m'a fait comprendre combien difficilement les hommes se résignent à n'être que ce qu'ils sont, à rester dans leur condition naturelle; et c'est à la fois une preuve de leur grandeur et de leur foiblesse : de leur foiblesse, car quelle aberration plus étrange que de se persuader qu'ils en peuvent sortir? De leur grandeur, car ils n'en veulent sortir que parce qu'ils sentent que, n'ayant d'autre terme que l'infini même, ils ne sauroient avoir de parfait repos qu'en Dieu, dans la pleine possession du vrai, qui constitue sa certitude interne, identique avec la connoissance qu'il a de soi.

On fait grand bruit de l'unité de doctrine qui caractérise le catholicisme, et l'on en tire une preuve qu'on juge très-forte en faveur de la vérité de cette doctrine et de l'Église qui la professe. On dit : Comment ne pas reconnoître l'effet d'une intervention divine spéciale dans cette immuable universalité des croyances catholiques, tandis qu'ailleurs la pensée humaine varie perpétuellement?

Il faut remarquer d'abord qu'elle ne varie point sur les choses démontrées, sur une multitude de notions et de connoissances générales, non plus que sur les points établis par la science et qu'aucune contestation ne réussit à ébranler : par exemple, le mouvement de la terre, les lois de l'attraction, et autres semblables. Elle n'a point varié non plus, avant le christianisme ni depuis son établissement, sur les dogmes fondamentaux de l'existence de Dieu, de la vie future, de la distinction du bien et du mal, etc., etc. Or, on ne dit pas que le genre humain ait été assisté surnaturellement de Dieu pour conserver ces vérités. L'immutabilité de certaines vérités dans le genre humain ne prouve donc par elle-même aucune assistance surnaturelle.

Quant au fait particulier du catholicisme, supposons que quelques hommes adoptent un symbole commun, et que, s'unissant en société, ils conviennent que, pour être membres de cette société, il faudra également adopter ce symbole, et, de plus, se soumettre au jugement que prononceront certaines personnes désignées, toutes les fois que ce symbole donnera lieu à des interprétations différentes. Il est clair que la plus complète unité de croyance régnera dans une société ainsi constituée; unité dont le moyen sera, non une intervention divine spéciale, mais la règle conventionnelle primitivement établie. Or, quelle qu'en soit l'origine première, cette règle est précisément celle de la société catholique, règle qu'on retrouve dans toutes les religions, et qui dans toutes produit le même effet à des degrés divers, selon l'organisation plus ou moins parfaite de l'autorité qu'elle implique. Pour que l'unité cesse d'exister, il faut que la société elle-même périsse; car, arrive-t-il qu'un de ses membres, s'attachant opiniâtrément à ses opinions personnelles, viole la règle constitutive de la croyance commune, il est à l'instant même retranché de la société dont la croyance reste une.

Le catholicisme ne présente donc pas une exception réelle à la loi de variation qu'on observe hors de lui. Elle se manifeste dans son sein aussi bien qu'ailleurs; mais il rompt aussitôt avec ceux qui eux-mêmes rompent avec sa règle; de sorte que son unité, purement disciplinaire, ne résulte pas d'un moyen particulier de connoître le vrai, mais d'une loi pratique, suivant laquelle, pour être catholique, on doit admettre ce que l'autorité décide être vrai.

Il y a, dans un autre genre, quelque chose d'analogue chez les quakers. Ils prétendent, eux, à une autre unité non moins rare, à l'unité de bonne conduite, à une espèce d'impeccabilité qui fait qu'aucun quaker n'a jamais, disent-ils, été repris de justice; et cela est vrai, comme il est vrai qu'aucun catholique n'est jamais, en tant que tel, tombé dans l'erreur ou dans l'hérésie. Celui-ci refuse-t-il de renoncer à des opinions que l'Église condamne, on le chasse, on l'excommunie : il n'est plus catholique. Un quaker commet-il quelque acte qui l'expose à être condamné par les tribunaux, on l'expulse de la secte : il n'est plus quaker lorsqu'il est pendu.

Mais en obéissant à l'autorité qui détermine les croyances, le catholique est certain de ne jamais errer. Nous entrons dans un autre sujet : ceci n'est plus une question d'unité, mais de vérité.

Au fond, si l'on pénètre au-dessous de l'apparence extérieure, l'unité de doctrine, bien moins réelle qu'on ne pense, n'est guère qu'une fiction. De tous ceux qui récitent le symbole commun, combien en est-il en qui les mots dont se compose ce symbole réveillent les mêmes idées? Il ne réveille même, chez la plupart, aucune idée. La foi pour ceux-ci se réduit donc à une simple disposition de la volonté qui adhère à ce que l'Église déclare être la vérité, sans connoître cette vérité enseignée par l'Église. Or, conçoit-on la foi sans un objet de la foi aperçu par l'intelligence? Et croire ainsi, n'est-ce pas ne rien croire effectivement? Que si, comme on ne peut douter que ce soit le cas le plus fréquent, l'idée interne qui est l'objet de la foi, varie dans les divers esprits, où est l'unité de foi? « Je crois au Père, au Fils et au Saint-Esprit, » tous disent cela; mais demandez à chacun ce qu'il entend par Père, ce qu'il entend par Fils, ce qu'il entend par Saint-Esprit, tous vous feront une réponse différente, et le plus souvent absurde. Les doctes ne s'entendent guère mieux ; ils ne s'accordent qu'à prononcer certaines formules verbales. De là leurs éternelles disputes, sitôt que l'un d'eux explique le sens qu'il attache à ces formules.

« Le dogme et la morale sont soumis à
« d'étranges interprétations dans les enseigne-
« ments religieux destinés aux esclaves. Trans-
« formé de nouveau par leurs interprétations
« personnelles, le christianisme n'est plus
« reconnoissable ; aussi les mariages et les bap-
« têmes produisent-ils peu de bons résul-
« tats (1). »

Il est donc clair que la doctrine chrétienne n'est pas pour ces nègres ce qu'elle est pour nous, que leur foi n'est pas notre foi. Elle varie plus ou moins, de la même manière, de siècle en siècle, de peuple à peuple, d'individu

---

(1) *De la Guyane française et de l'ordre de Saint-Joseph de Cluny*, **p. 26.** Paris, 1834.

à individu. Les notions et les conceptions diffèrent à l'infini. Les formules matérielles restent seules invariables. Mais la doctrine, est-ce ces formules, ou le sens qu'on y attache? Je sais bien que certaines idées, incomprises par la foule, subsistent dans leur généralité; et cependant celles-là mêmes varient, ou, si l'on veut, se développent par le progrès de l'intelligence ; et, sous ce nouveau rapport, la foi n'a rien de rigoureusement fixe.

La Bruyère le remarquoit déjà, quoique dans un sens un peu divers : « Cette même religion,
« dit-il, que les hommes défendent avec cha-
« leur et avec zèle contre ceux qui en ont une
« toute contraire, ils l'altèrent eux-mêmes
« dans leur esprit par des sentiments particu-
« liers; il y ajoutent et ils en retranchent mille
« choses souvent essentielles, selon ce qui leur
« convient, et ils demeurent fermes et iné-
« branlables dans cette forme qu'ils lui ont
« donnée. Ainsi, à parler populairement, on
« peut dire d'une seule nation qu'elle vit sous

« un même culte, et qu'elle n'a qu'une même
« religion ; mais, à parler exactement, il est
« vrai qu'elle en a plusieurs, et que chacun
« presque y a la sienne (1). »

En toutes choses cherchons ce qui est vrai.
Il ne sert de rien de se voiler l'esprit pour ne
pas voir ce qui est, car cela ne l'empêche pas
d'être. Une des preuves qu'on donne de l'action immédiate de Dieu pour conserver l'Église, ce sont les désordres intérieurs qui y
abondent, et spécialement ceux de ses ministres, qui devroient la détruire sans cette action
continuelle de Dieu. Mais cette preuve n'a-t-elle point plus d'inconvénients que d'avantage ? S'il existe tant de désordres et des désordres si graves dans l'Église, conserver l'Église telle qu'elle est, c'est conserver tous ces

---

(1) *Caractères*, chap. des Esprits-forts.

désordres et les conserver miraculeusement. N'est-ce pas là une idée au moins étrange? Et puisque l'existence de l'Église exige un miracle perpétuel, celui qui la rendroit inaccessible à ces désordres ne seroit-il pas plus digne de Dieu?

Vous oubliez, me dira-t-on, que, pour accomplir son œuvre, Dieu n'a pas dû détruire la liberté humaine, d'où émanent les vices dont vous parlez; il n'a pas dû rendre ses ministres impeccables.

D'abord, pourquoi? Dans l'ordre de la nature, l'impeccabilité n'est pas un prodige plus grand que l'infaillibilité. Au fond, ce n'est que la même puissance agissant en un cas sur l'esprit, dans l'autre sur la volonté; et le but que Dieu s'est proposé en constituant l'Église n'auroit-il pas été bien plus sûrement atteint par cette double action? De plus, cela se pouvoit, selon la doctrine de cette même Église, sans blesser le moins du monde la liberté humaine; il auroit suffi d'accorder à chacun des membres de la hiérarchie le même genre et le même degré de grâce qui fait infailliblement les saints sans altérer leur liberté.

S'il en avoit été ainsi, ajoute-t-on, la divinité de l'Église eût été trop visible : qui auroit pu la méconnoître? et que seroit devenu pour ses enfants le mérite de l'obéissance?

Mais parmi ceux qui croient en Dieu, en une loi morale, et qui, ne connoissant point l'Église, ne sauroient y croire, tous obéissent-ils à la loi reconnue d'eux? et n'y a-t-il aucun mérite en ceux qui y obéissent? Il faut donc simplement dire que Dieu a refusé aux ministres de l'Église la grâce qui les rendroit saints sans détruire leur liberté, parce que l'Église alors seroit trop visiblement son œuvre, parce qu'il y auroit pour la raison un motif trop puissant de croire en elle, de reconnoître son autorité ; en d'autres termes, parce que son auteur, voulant le salut de tous les hommes, tous les hommes se sauveroient presque certainement.

Mon Dieu, pardonnez-leur, ils diroient

mieux, s'ils avoient quelque chose de mieux à dire.

« Dès que vous séparez la raison de la foi, « dit M. de Maistre, la révélation, ne pouvant « plus être prouvée, ne prouve plus rien; « ainsi il faudra toujours en revenir à l'axiome « si connu de saint Paul : *Que la foi est justifiée* « *par la raison* (1). »

La première chose est donc de prouver la révélation : la révélation ne peut donc avoir plus de certitude et d'autorité que la raison même qui la prouve.

M. de Maistre dit encore ailleurs : « Qu'est-« ce que la révélation ? C'est un enseignement « divin ; et qu'est-ce que l'enseignement hu-« main ? C'est une révélation humaine. Un

(1) *Examen de la Philosophie de Bacon*, tome II, p. 23.

« théorème mathématique démontré à celui
« qui l'ignoroit est une *révélation*. Or, com-
« ment apprendre ce qu'on ne sait point en-
« core, sinon en vertu de ce qu'on sait déjà?
« Comment l'homme recevra-t-il une vérité
« nouvelle, s'il ne porte point en lui une vérité
« intérieure, une règle innée sur laquelle il
« juge l'autre? Entre Moïse et Hésiode, qui nous
« force à choisir? L'un vaut l'autre, s'ils ne
« sont jugés d'après une règle intérieure qui
« déclare l'un historien et l'autre romancier.
« Dire que l'idée de Dieu perfectionnée telle
« que nous l'avons aujourd'hui par sa grâce,
« est inaccessible au raisonnement humain,
« c'est dire, par exemple, que l'homme inca-
« pable de découvrir les propriétés de la cy-
« cloïde, est également incapable de les com-
« prendre. Les deux propositions sont égale-
« ment vraies et également fausses. Un homme
« ou tous les hommes (n'importe) ne parvien-
« dront jamais à telle ou telle vérité, je le
« suppose; mais si on la leur enseigne, ils la

« reconnoîtront et l'adopteront en vertu de ce
« même raisonnement, qui reprend tous ses
« droits et s'exerce sur cette même vérité, qui
« lui appartient tout comme s'il l'avoit dé-
« couverte (1). »

Voilà donc la révélation qui sera jugée d'après une règle intérieure ; voilà le dogme, la Trinité, par exemple, sur lequel le raisonnement reprend tous ses droits, et qui lui appartient tout comme s'il l'avoit découvert. La religion devient science. Elle ne diffère de la géométrie qu'en cela seul que, dans la géométrie, le révélateur est un homme, et que, dans la religion, le révélateur c'est Dieu. Mais comment savoir qu'en effet c'est Dieu?

---

(1) *Examen de la Philosophie de Bacon*; p. 17. Il est curieux de comparer ce passage de M. de Maistre avec l'Encyclique de Grégoire XVI, du 15 août 1832. — « Superbi, seu potius insi-
« pientis hominis est, fidei mysteria, quæ exsuperant omnem
« sensum, humanis examinare ponderibus, nostræque mentis
« rationi confidere, quæ naturæ humanæ conditione debilis est
« et infirma. » Et qu'est-ce donc qu'ont fait les Pères et les conciles ?

Par la *règle intérieure* ou par la raison qui *juge*
et prononce définitivement. Elle *juge* qu'il y a,
ou non, révélation divine, et juge encore après
de la chose révélée. « Niez cela, dit M. de
« Maistre, et il dit très-vrai, la révélation,
« ne pouvant plus être prouvée, ne prouve
« plus rien. »

Étant posée la base d'une révélation divine
indispensable pour le salut, et consignée dans
un livre surnaturellement inspiré, je ne sache
point d'absurdité comparable à celle d'aban-
donner ce livre à l'interprétation individuelle
de chaque homme savant ou ignorant, simple
ou éclairé ; car ces différences sont ici de nul
poids ; et quand les catholiques établissent
contre les protestants la nécessité d'une autorité vivante, perpétuelle, universelle, qui détermine avec certitude le véritable sens du
texte sacré, résolve tous les doutes, juge in-

failliblement toutes les controverses qu'il peut faire naître, ce qu'ils disent est si clair, si péremptoirement décisif, que, si l'on ne savoit pas quelle est la puissance de certains préjugés inculqués dès le berceau, on croiroit impossible de résister à une pareille évidence.

De même, étant posée l'existence nécessaire d'une autorité vivante, perpétuelle et universelle, pour conserver et interpréter infailliblement la parole révélée, on ne conçoit pas davantage qu'on se refuse à reconnoître cette infaillible autorité dans le Pape, chef suprême de l'Église, sa voix, son organe permanent. Ce que les romains, sur cette grande question, opposent aux gallicans, n'a pas moins de force que ce que les catholiques en général opposent aux protestants, et ce n'est même qu'une extension, une ultérieure conséquence du même raisonnement, qui n'a contre les protestants aucune valeur quelconque, s'il n'a pas une valeur égale contre les gallicans.

L'hypothèse d'une révélation surnaturellement divine étant admise, le catholicisme romain est invinciblement établi contre toutes les sectes et toutes les opinions dissidentes. Mais si l'existence d'un ordre surnaturel de dispensation, examinée de près, est inadmissible, il n'est lui-même qu'une secte de la religion une et universelle.

———

Le protestantisme a eu certainement son utilité, en réagissant contre l'autorité absolue qui, tendant à détruire la liberté de l'esprit humain, sa spontanéité, opposoit à son développement une infranchissable barrière, qu'il devoit dès lors renverser tôt ou tard. A ce point de vue donc, le protestantisme a réellement servi l'humanité, qui se seroit pétrifiée au sein d'une doctrine immobile. Il a eu aussi ses inconvénients, des inconvénients excessivement graves, dont les uns tiennent à son essence, les autres aux principes particuliers qui en caractérisent les sectes diverses.

Par son essence, il se résout dans l'individualisme pur, et se divise en deux branches, le mysticisme et le rationalisme, selon qu'on a placé la règle des croyances dans la raison, ou l'inspiration.

Le mysticisme individuel enfante et consacre les rêveries les plus insensées, comme les plus atroces fanatismes, et les exemples en sont nombreux dans l'histoire du protestantisme.

Le rationalisme individuel manque d'un criterium du vrai, et, après de stériles efforts pour arriver à une certitude qui le fuit éternellement, se perd dans le scepticisme. Il ne peut affirmer quoi que ce soit logiquement, faute d'une règle et d'un motif suffisant d'affirmation. C'est en ce sens surtout que la philosophie du dix-huitième siècle, exclusivement critique et impuissante à rien fonder, est fille du protestantisme.

L'individualisme de l'esprit produit l'individualisme pratique ou l'égoïsme, qui est la seule morale rationnelle du protestantisme considéré dans son essence ; et ainsi il renferme une négation complète, absolue de la morale chrétienne, qui se résume dans le sacrifice de soi à autrui.

Quant aux principes particuliers qui caractérisent les sectes diverses, on peut établir deux catégories principales :

1° Les sectes fatalistes, qui, absorbant le libre arbitre dans la grâce, ou le niant même entièrement depuis le premier péché, font dépendre le salut de la foi seule, qui ne dépend elle-même de l'homme aucunement. Ceci est non-seulement la négation de la morale chrétienne, mais de toute morale ; et c'est la conséquence très-juste qu'ont tirée de cette doctrine funeste et désolante les antinomiens, parmi lesquels il en est même qui poussent le délire jusqu'à inviter formellement au crime, afin que *là où le péché a abondé, la grâce surabonde.*

2° Les sectes qui, pour conserver le libre

arbitre, y subordonnent la grâce; ce qui va directement à nier la grâce même ou le concours de Dieu dans les actes humains. Cette doctrine, contradictoire d'ailleurs avec l'idée admise d'une dispensation surnaturelle, aboutit forcément au naturalisme ou au déisme. Or, suivant l'heureuse et profonde expression de Shelling, le déiste est un athée poltron.

Le protestantisme n'a donc aucune espèce de valeur positive, non plus que la philosophie qu'il a engendrée. L'un et l'autre ont servi à ébranler la doctrine fausse et hostile au progrès de l'autorité surnaturelle ; mais ils n'ont pu y rien substituer de solide et de durable. Ils ont renversé, il reste à reconstruire.

———

Il y a une réflexion à faire sur la chute de Libère. Las de l'exil, il consentit à la déposition d'Athanase. Foiblesse, faute de conduite, prévarication si l'on veut. Mais, de plus, il signa la formule de Sirmium, formule bientôt rejetée comme semi-arienne par l'Église catholique. Or, selon les maximes reçues dans cette Église et surtout à Rome, un concile, même beaucoup moins nombreux que celui de Sirmium, doit être tenu pour œcuménique, lorsque les décisions, les actes en sont ratifiés par le pape. Le concile de Sirmium devroit donc être reconnu pour œcuménique, et la formule, signée par Libère, pour règle de foi. Donc de deux choses l'une : ou l'Église *infaillible* peut enseigner des doctrines contradictoires, ou un concile approuvé par le pape peut ne pas être l'organe de l'Église infaillible. Alors quel est cet organe ?

———

Jamais les papes ne réussirent, même avant le schisme des Grecs, à établir sur des bases solides leur puissance en Orient. La discipline ancienne n'avoit rien de monarchique ; et dans l'Orient, où elle était née, il n'étoit pas facile d'y introduire un principe nouveau. Les Orientaux d'ailleurs méprisoient le génie latin, la grossièreté et l'ignorance d'un clergé auquel ils se croyoient incomparablement supérieurs sous ce rapport. La tendance orientale étoit l'examen philosophique ; celle de l'Occident, la croyance pure déterminée par l'autorité. Cela est visible même dans les Pères grecs que l'Église latine a mis au rang des saints. C'est le schisme de Photius et de Michel Cellulaire qui rendit possible le plein développement du catholicisme romain. La barbarie des peuples soumis à son influence fut la seconde base sur laquelle les papes édifièrent peu à peu l'édifice colossal de leur grandeur. La supériorité de savoir et d'intelligence leur valut toutes les autres : tant il est vrai qu'en définitive toute puissance réside là. Ils périssent aujourd'hui par la cause contraire. La société les a dépassés ; ils voudroient l'arrêter ; elle les quitte et ils la maudissent.

Soyez infidèle, déiste, athée, on ne s'en alarmera guère, on ne s'en fâchera même pas. Mais prenez garde de heurter les opinions des théologiens, ou les intérêts de la hiérarchie. Ceci ne se pardonne point.

J'ai connu, en petit nombre, il est vrai, des chrétiens admirables; mais ils étoient tels par nature, ce n'étoit pas la doctrine seule qui les avoit faits ce qu'ils étoient. Car j'ai vu d'autres hommes, rigides sectateurs de cette même doctrine, fermes dans la pratique des devoirs extérieurs, et durs, méchants, aussi par nature, fourbes, haineux, envieux, fabricateurs de calomnies sourdes, sans honneur et sans probité, avec une effrayante tranquillité de conscience. Je ne veux certes pas nier l'influence des préceptes religieux ni du dogme, ni de l'esprit du dogme. Elle est immense, si l'on considère son action prolongée sur les masses croyantes; mais, quant aux individus, si l'institution positive soutient et perfectionne les bons, elle rend les mauvais pires. Ils s'enfoncent dans le mal avec une sorte de piété horrible. Ils se le justifient à eux-mêmes, ils s'en font un devoir conforme à leurs penchants; et après avoir, comme ils le croient, rendu Dieu leur complice, ils communient sans remords à la table de Satan.

La grande accusation contre quiconque refuse une soumission pleine et aveugle à l'autorité ecclésiastique, est l'accusation d'orgueil. Nous commandons, et vous n'obéissez pas, orgueil. Nous vous disons croyez, et vous ne croyez pas, orgueil. Tous les hommes, excepté un petit nombre de catholiques, seroient donc intérieurement viciés par une disposition permanente au mal, qui ne laisseroit de place à aucune vertu réelle. Je vois bien l'intérêt que la hiérarchie auroit à ce que cela fût admis ; mais je ne vois pas aussi clairement comment on pourroit l'admettre. J'ai de la peine à me représenter Pascal, Newton, Leibnitz, Euler et tant d'autres, comme des êtres pervers livrés à l'esprit de Satan, et destinés à subir, sous sa verge infernale, des supplices éternels.

On doit se défier de son propre jugement, nul doute ; mais on ne doit pas mentir à sa conviction, car ce seroit mentir à sa conscience. Or, il ne dépend pas de nous de changer nos convictions ; on croit souvent ce qu'on aimeroit mieux ne pas croire. Est-ce là de l'orgueil ? L'histoire est pleine d'exemples d'hommes croyant à l'Église, et qui ont résisté aux ministres de l'Église, et l'Église elle-même les en a loués plus tard. Étoit-ce encore là de l'orgueil ? Est-ce orgueil que de ne pas obéir à la puissance hiérarchique, lorsqu'on ne la reconnoît pas, et qu'on violeroit en soi-même la vérité en la reconnoissant ?

Mais vous devez la reconnoître sincèrement. Comment cela ? Est-ce sur les motifs qu'elle allègue en faveur d'elle-même, ou sur sa parole pure et simple ?

Si sur les motifs qu'elle allègue, m'en voilà juge, voilà ma croyance dépendante de ma conviction. Pourquoi, supposé que je me trompe, mon erreur seroit-elle nécessairement un acte d'orgueil ?

Si sur sa parole pure et simple, voyez où conduit ce principe, et ce qu'il n'autorisera pas. Il auroit autant de force pour établir la religion de Siva ou de Bouddha, que la religion du Christ. La maxime qu'on ne résiste jamais à la hiérarchie que par orgueil, va à confondre l'orgueil avec la raison même : et alors que devient l'homme, et qu'est-il ?

De plus, s'il y a quelquefois de l'humilité personnelle à soumettre son esprit lorsqu'on en a le pouvoir, outre que cette soumission repose toujours sur un motif premier volontairement admis par l'esprit, le motif par lequel on l'exige favorise au fond beaucoup plus l'orgueil qu'il ne le combat; car ce motif est la persuasion qu'en se soumettant on possède certainement la vérité d'une manière absolue. De là une confiance absolue aussi en sa raison éclairée, croit-on, d'une lumière infaillible, mépris de celle des autres, et trop souvent haine des personnes criminellement révoltées contre l'autorité : car comment ne pas haïr ce qu'on se figure que Dieu hait? Celui qui dit, ceci me paroît vrai, et cela non, mais peut-être je me trompe, est bien plus réellement humble. La véritable humilité se reconnoît à ses fruits, qui sont la paix, la condescendance, la douceur et la charité.

Je n'ai guère vu que le christianisme fût pour le clergé autre chose qu'une forme et un intérêt. De là vient que ses sympathies ne se mesurent pas sur le degré de vertu, mais sur le degré d'exactitude dans les pratiques extérieures. Il est vrai que ce sont celles-ci qui lui soumettent les hommes et sur lesquelles se fondent sa puissance et aussi sa richesse. Si le sacerdoce ne rapportoit rien, si ses fonctions étoient rigoureusement gratuites, et qu'elles ne fussent dès lors exercées que par ceux qui d'ailleurs ont une existence assurée, je doute qu'il y eût vingt prêtres en Europe. La maxime de saint Paul, que « le prêtre doit vivre de l'autel, » a produit sans doute d'énormes corruptions; car qui déterminera ce qui est nécessaire à chacun pour vivre selon son rang, sa condition, etc.? Mais en même temps elle a été, en grande partie du moins, le principe de durée de l'institution.

Pour retenir les hommes dans l'exercice gênant des pratiques extérieures, on a employé la crainte, et c'est par la crainte que règne le clergé. Otez la frayeur de l'enfer, son pouvoir s'évanouit. Or, j'ai remarqué que cette frayeur a peu de force contre les passions; mais son influence sur les croyants en a beaucoup pour les porter à accomplir ce qui, leur dit-on, prévient les conséquences futures du mal. Ainsi la crainte de la damnation n'empêchera guère un ivrogne de boire, mais elle fera qu'il se confesse d'avoir bu démesurément. On doit reconnoître que les pratiques ont, pour la plupart, une action utile, bien qu'indirecte, sur les mœurs, lorsqu'elles ne dégénèrent pas, selon leur tendance, en œuvres purement matérielles. Toutefois les faits me semblent prouver qu'en général l'état moral dépend de causes toutes différentes, et qui doivent être cherchées dans les lois intimes de la nature humaine immuable.

« Jephté ensanglante sa victoire par un sa-
« crifice qui ne peut être excusé que par un
« ordre secret de Dieu, sur lequel il ne lui a
« pas plu de nous rien faire connoître (1). »

Voyez cependant où conduit l'idée d'un ordre surnaturel de conduite et d'inspiration. A justifier même les sacrifices humains. L'exécrable meurtre d'une jeune fille innocente immolée par son père, Bossuet n'hésite pas un instant à croire qu'il ait été commandé de Dieu; seulement il en ignore le motif, et ce motif, quel qu'il soit, il l'adore sans le connoitre. Toutefois remarquez le combat entre la conscience de l'homme et la foi du théologien.

(1) Bossuet, *Discours sur l'Histoire universelle*, Ire partie, IVe époque.

L'horrible « sacrifice ne peut être *excusé* que par un ordre secret de Dieu. » Comment donc excusé? excusé d'obéir à Dieu! Y pensez-vous, ô grand docteur? Est-ce qu'en obéissant à Dieu, Jephté n'accomplit pas un devoir rigoureux, un acte saint? Excusé, dites-vous : mais c'est un blasphème que vous proférez là. Merveilleuse puissance du juste et du vrai, à qui tout cède, qui triomphe de tout, même du préjugé le plus profond et le plus tenace, le préjugé théologique.

———

Là où l'ordre religieux et l'ordre civil forment un tout indissoluble, comme dans le brahmanisme et le mahométisme, le système social, d'une étonnante stabilité, semble inaltérable. Mais cette résistance même aux innovations, aux modifications progressives que le temps rend nécessaires, a pour effet de plonger tôt ou tard les peuples ainsi constitués dans un abaissement incomparable et une dissolution sans remède. Incapables de suivre le mouvement de l'humanité, elle les laisse derrière elle, comme ces traîneurs qu'une armée en marche abandonne engourdis au fond des fossés qui bordent la route. Les nations chez qui la religion est plus séparée de l'État, offrent sans doute moins de fixité, mais elles ne sont pas exposées à mourir comme les autres tout entières. Le développement religieux ne trouvant pas un obstacle dans l'État, et réciproquement, le progrès pour elles est possible, et conséquemment elles ont en elles-mêmes un principe de durée indéfinie.

Si le catholicisme périt, c'est que, surtout en ce qui tient au dogme, la nature de l'institution le renferme inflexiblement dans une enceinte rigide, qui ne lui a pas permis de proportionner son développement au développement de la raison humaine. Guidée par lui d'abord, elle l'a dépassé. Il ressemble déjà à ces ruines silencieuses de villes immenses, qui indiquent dans le désert qu'un grand peuple a séjourné là.

———

Les mêmes hommes qui enseignent que la foi est un don gratuit de Dieu, et indépendant dès lors de notre volonté, ont envoyé à la mort des milliers de leurs semblables parce qu'ils n'avoient pas la foi.

———

Parmi les idées, les croyances qui font partie de la raison humaine, il en est qui ont un caractère moral, qui renferment une notion de loi, d'obligation, de devoir, et d'autres non. D'où vient cette différence? et sur quelle base repose la profonde distinction qui sépare ces deux ordres de croyances et d'idées? Appartiendroient-elles, en effet, à deux ordres de vérités d'une nature intrinsèquement diverse? Nullement.

Toute vérité représente un droit et implique un devoir : car la vérité est ce qui est, le droit ce qui doit être, le devoir, l'obligation de réaliser le droit, et tout cela ensemble c'est l'ordre, c'est-à-dire, l'ensemble des conditions de la vie, les conditions de l'existence. Or, parmi les vérités qui sont l'objet des idées ou des croyances, il en est que l'action de l'homme peut réaliser ou troubler, d'autres sur lesquelles il ne peut rien. En d'autres termes, il peut concourir à l'ordre ou le troubler, l'intervertir en certains cas : le même ordre essentiel est, en d'autres cas, indépendant de son action. Ainsi, l'ordre commande de respecter la vie d'autrui, et l'homme peut tuer. L'ordre est que la terre et les autres planètes parcourent régulièrement un certain orbite, et l'homme ne sauroit changer cet orbite. Sur le premier point, la croyance qui rend la vie de l'homme sacrée pour l'homme est obligatoire, est une loi morale ; sur le second point, la loi de l'attraction qui fixe aux planètes leurs orbites est une loi de pure raison, qui n'a rien d'obligatoire pour la croyance, aucun caractère de loi morale. Il en seroit autrement, sans aucun doute, si l'action de l'homme pouvoit s'étendre aux mouvements planétaires, comme elle s'étend aux relations des hommes entre eux; et même l'obligation morale croîtroit proportionnellement à l'importance de la croyance dont les effets intéresseroient l'ordre entier de l'univers.

On comprend cette expression, *le peuple de Dieu*, dans le système des dieux nationaux; mais lorsqu'on se représente Dieu comme la Cause suprême, le Père de tous les êtres, qu'il dirige vers leur fin par les éternelles lois de sa sagesse, qu'il embrasse tous dans son amour, on ne sait plus comprendre ce choix d'un peuple entre tous les autres peuples frappés d'une réprobation au moins relative. C'est, ce semble, transporter l'homme en Dieu, et encore l'homme petit, exclusif, passionné, mauvais. Ces idées juives, infiltrées dans le christianisme, l'ont singulièrement rétréci, pour le malheur de l'humanité dont elles ont contrarié la tendance à la grande unité partout inculquée dans l'Évangile. L'esprit persécuteur est né de là. On l'a vu dès les premiers siècles, on l'a vu dans les guerres contre les Musulmans, dans celles du seizième siècle entre chrétiens, et autant chez les protestants que chez les catholiques. On l'a vu enfin dans la conquête de l'Inde et de l'Afrique par les Portugais, de l'Amérique par les Espagnols. L'infidèle n'étoit pas un homme. Qu'étoit-il donc? l'ennemi de Dieu, *du Dieu des chrétiens*. Aussi traita-t-on ces pauvres peuples comme les juifs avoient, trente siècles auparavant, traité les nations chananéennes. Horreur et pitié!

Une des idées les plus obscures et les plus répandues est celle d'expiation. Il n'en est guère non plus dont on ait autant abusé. Elle a dominé dans la religion, dans la législation, et toujours pour le malheur de l'humanité, à qui elle a coûté des souffrances horribles et des torrents de sang.

Elle a son origine dans une autre idée, celle du mal moral. L'existence de celui-ci est incontestable. Il ne l'est pas moins qu'opposé à Dieu, qui veut nécessairement l'ordre, Dieu le réprouve, et ne sauroit, en aucun sens, ne pas le réprouver. De plus, le mal entraîne infailliblement sa punition ; car la douleur est fille du désordre. Violer ses lois, c'est se constituer en état de maladie : être malade, c'est souffrir.

Mais, quoique la souffrance soit liée dans l'esprit des hommes à l'expiation, elle n'est cependant pas l'expiation. Celle-ci, distincte des suites naturelles du désordre ou du mal, qui en sont proprement la punition, repose sur la croyance que le péché, soit qu'on l'envisage dans l'individu qui l'accomplit, soit qu'on le considère dans la société supposée solidaire de chacun de ses membres, excite la colère de Dieu et provoque ses vengeances, si l'on n'use de moyens propres à l'apaiser.

Le repentir ne suffit pas ; il dispose à l'expiation, mais il n'est pas l'expiation. Quelquefois il n'existe pas dans le cœur du coupable dont la société veut expier le crime, et il ne sauroit même exister dans la plus parfaite des expiations, celle de l'innocent se dévouant pour ce même coupable, et, comme on s'exprime, satisfaisant pour lui.

On s'est donc figuré que, pour apaiser Dieu, il falloit ou s'imposer volontairement à soi-même, ou imposer à d'autres des souffrances physiques, et même la mort, qui en est le *summum* ; que ces souffrances avoient en soi la vertu de détruire le mal et les conséquences du mal ; qu'elles désarmoient Dieu, qu'il s'y complaisoit, qu'il les acceptoit comme le paiement d'une dette contractée envers lui par le pécheur. On conçoit aisément jusqu'où les hommes ont pu être conduits par une pareille idée. Les sacrifices humains en sont une dérivation.

Ce qui ne se conçoit en aucune manière, c'est qu'une douleur physique puisse être le remède d'un désordre moral. Si elle résulte d'une réaction volontaire contre le corps pour en dominer les penchants brutaux, elle suppose déjà une direction droite de la volonté ; elle est effet et non pas cause, et la vertu expiatrice doit être cherchée ailleurs, dans un ordre supérieur à l'organisme.

On conçoit moins encore que la souffrance d'un être sensible soit en soi agréable à Dieu, puisse être directement voulue de Dieu. Comment imaginer en lui ce qui seroit exécrable dans l'homme? La souffrance est inévitable, parce que la maladie l'est; mais la maladie appelle la guérison et non pas le supplice. Dira-t-on que la guérison ne peut s'effectuer sans douleur? Ce seroit dire, en d'autres termes, qu'on ne peut guérir si l'on n'est malade. On souffre de la maladie et non de la guérison.

De plus, suivant l'idée que nous examinons, l'expiation la plus efficace étant celle que l'innocent accomplit pour le coupable, il faut bien qu'elle réside dans la souffrance même exclusivement conçue comme telle; car la souffrance de l'innocent est en soi totalement étrangère au coupable. Dieu lui en impute le mérite : voilà tout.

Il ne sera donc pas vrai que Jésus-Christ a expié par sa mort les péchés des hommes, qu'il a satisfait par ses souffrances à la justice de Dieu? Non, sans doute, si l'on entend qu'il falloit du sang pour apaiser Dieu : c'est là une idée mosaïque et païenne. Mais il a souffert pour les hommes, il est mort pour eux, et son sacrifice a sauvé le monde, parce qu'en accomplissant parfaitement la loi parfaite qu'il venoit annoncer au genre humain, il a établi à jamais cette loi hors de laquelle nul salut, nulle vie ; il a réalisé dans toute son étendue le précepte de l'amour, qui, en unissant les créatures entre elles et à leur auteur, est la consommation de l'ordre éternel.

Ecce qui tollit peccata mundi : rien, certes, de plus vrai. En apprenant à l'homme à s'oublier lui-même, à ne se préférer à aucun autre homme, à aimer ses frères d'un amour égal à celui qu'il a pour soi, à se dévouer, à se sacrifier pour eux ; en leur donnant l'exemple de ce sublime sacrifice, Jésus-Christ a vraiment ôté le *péché du monde ;* car le péché n'est, dans sa source, que l'amour prédominant, exclusif de soi, la préférence de soi à tout ce qui n'est pas soi.

Quand on révoqueroit en doute ce que les évangélistes racontent de Jésus-Christ, toujours seroit-il certain que, dès l'origine, les chrétiens ont eu le sentiment de cette perfection, au-dessus de laquelle on n'en conçoit aucune ; et c'est là qu'est le prodige. Ils l'ont offerte pour modèle à l'homme, et, après dix-huit siècles, l'homme n'a pu encore y atteindre, ni presque en approcher. Elle est là devant lui, objet éternel de ses aspirations et d'un amour qui se confond avec celui de Dieu même.

L'humilité est la préférence qu'on accorde aux autres sur soi-même dans sa propre estime;

elle correspond à la préférence qu'on est, en certains cas et dans une certaine mesure, tenu de leur accorder dans son amour, et ainsi elle n'est qu'une forme de la charité.

———

Le christianisme théologique a des doctrines sombres, sinistres, pleines, je ne dis pas de mystères, le mystère est partout, mais d'absolues contradictions. Par une route âpre et désolée, il conduit ses disciples au sommet aigu d'un pic gigantesque, au pied duquel est un abîme, et sur l'extrême bord de la dernière roche pendante sur cet abîme, il dit à chacun d'eux :

Reste là, si tu peux, et saute, si tu l'oses.

Que fera le pauvre chrétien ? ce que faisoit saint Paul. Il fermera les yeux en s'écriant : *O altitudo !* oh ! qu'il y a haut !

Être conçu dans le péché, naître dans le péché, que veut dire cela? Parle-t-on du péché actuel? Mais le péché est un acte : comment donc le péché pourroit-il exister avant aucun acte? Comment le péché s'introduiroit-il dans la vésicule de Graaf, par l'action, quelle qu'elle soit, du principe physique qui féconde l'ovule? Entend-on simplement la disposition au péché? Alors c'est affirmer seulement que l'homme naît peccable. Or, qui jamais s'est imaginé que l'homme fût impeccable, qu'il pût, vu l'imperfection de sa nature, ne pas faillir plus ou moins souvent? L'état de péché, en ce sens, est l'état de création. L'homme naîtroit donc *enfant de colère,* par cela seul qu'il naît selon sa nature, qu'il naît tel que Dieu l'a créé. Et la Création tout entière étant imparfaite aussi, puisqu'elle n'est pas Dieu, devroit dès lors être pour Dieu également un objet de colère. Cela se conçoit-il? conçoit-on que Dieu, irrité contre son œuvre, n'ait créé que pour haïr? que la haine soit le lien qui l'unit à la production de sa toute-puissance? Suivant cette pensée, qui aboutit à la doctrine manichéenne de deux principes contraires, la Création seroit le mal; d'où il faudroit conclure, qu'auteur effectif du mal, Dieu a voulu directement le mal : hypothèse non-seulement impie, mais encore pleine de monstrueuses absurdités, de contradictions sans fin et sans nombre : abîme ténébreux où s'engloutit toute raison comme toute foi.

―――

« Avec le savoir, la mort est entrée dans le monde, aussitôt que l'homme eut savouré le fruit de l'arbre de la science (1), » dit Stahl,

(1) « De frequentia morborum in corpore humano præ
« brutis. »

qui, attribuant au péché originel la foule des maladies auxquelles nous sommes en proie, identifie, dans son origine, le péché avec la raison.

La connoissance du bien et du mal, qui est un des caractères de la raison, donnant seule aux actions une valeur morale, engendre en effet le péché, qui se transmet dans son principe avec la transmission même de la raison, attachée en partie à des conditions organiques que perpétue la génération. Du péché naît la mort, et cela de plusieurs manières : premièrement, par les maladies innombrables que produisent les violations profondes et multipliées des lois naturelles de l'homme physique, dans la sphère plus large d'action où le place le développement de ses facultés intellectuelles et des passions dont elles sont la source; secondement, par les désordres souvent mortels qui résultent du fréquent défaut d'équilibre entre les organes de la vie supérieure et ceux de la vie purement physiologique ; troisièmement, parce que, avant que la raison ne parût, l'homme, semblable aux bêtes sous ce rapport, ne connoissoit pas plus la mort qu'elles ne la connoissent. Il la subissoit, mais sans en avoir ni la prévoyance ni la notion.

Les conséquences du péché, c'est-à-dire les prédispositions organiques au mal, à certains penchants, à certaines inclinations vicieuses, ainsi qu'à une multitude de maladies qu'enfantent les actes contraires aux lois morales, se transmettent aussi héréditairement par la génération.

Il est dit qu'Adam et Eve, après le péché, s'aperçurent qu'ils étoient nus. Peut-on exprimer plus clairement la naissance du sens moral de la pudeur? On le voit naître également chez l'enfant avec la raison, avec la science du bien et du mal qu'on lui communique dès qu'il en est capable. Auparavant il vivoit dans l'innocence. Ainsi du premier homme, ou des premiers hommes.

Dans l'hypothèse du péché orignel, il n'existeroit point de plus grand crime que la génération, puisqu'elle créeroit un ennemi de Dieu.

Le dogme de la déchéance ou du péché transmis par le premier homme à ses descendants, enveloppe la vie d'un crêpe funèbre et force à considérer la société sous un si désolant aspect, que l'esprit le plus ferme cherche de tous côtés un refuge contre cette vision effrayante. Dans ce système, le monde présent est comme le vestibule de l'enfer. C'est pourquoi Nicole définit le Prince, *la verge dont Dieu se sert pour châtier les peuples*, et M. de Maistre ne fait autre chose que développer cette idée, lorsqu'il prend à tâche d'expliquer les voies de la Providence ici-bas, et les destinées des enfants d'Adam sur cette terre maudite depuis la chute. Je ne sais si l'on trouveroit dans tout ce qu'il a écrit un sentiment d'indignation contre aucune tyrannie, un mouvement sympathique, un accent de pitié pour l'humanité souffrante. Cependant il y a de l'élévation et même de la bonté dans son âme. Mais, selon sa manière de concevoir les lois du monde et de la société, les maux ne l'étonnent point; au contraire, à ses yeux ils constituent l'ordre terrestre établi par la souveraine justice, et forment comme une permanente révélation de Dieu, qui punit ici pour sauver ailleurs. Il adore le supplice, parce que le supplice c'est l'amour. De là cette espèce de sombre enthousiasme qui le prosterne devant les princes, bourreaux divins chargés d'accomplir la régénération par le sang. Une si haute fonction exigeoit une nature également haute : aussi voyez par combien de priviléges, même physiques, les familles souveraines ont été partout et dans tous les temps séparées des autres familles ! Le peuple, suivant ces idées qui rappellent à quelques égards le sivaïsme indien, est la victime à immoler. On se demande comment un pareil système a pu sortir de l'Évangile. Jésus-Christ dit aux pauvres, aux petits, aux foibles : *Venite ad me omnes qui laboratis et onerati estis, et ego reficiam vos.* De Maistre leur dit : Bétail, marche à l'autel. Et puis, quand la boucherie commence, cet homme, qui n'est ni passionné, ni méchant, palpite de je ne sais quelle joie effrayante, applaudit, admire, et crie aux sacrificateurs : Courage ! Impitoyable par devoir, atroce par piété, jamais ni ses pensées ni ses paroles ne sont mouillées de larmes.

La théorie de la souveraineté et de l'obéissance au souverain a changé plus d'une fois dans l'Église. « Obéissez aux puissances, » dit saint Paul. Et pourquoi ? « Parce que toute

« puissance est de Dieu. » Il n'en recherche point l'origine, il ne distingue point, il parle d'une manière absolue. C'est le pouvoir de fait, l'identification de la force et du droit : *quia nominor leo*. Longtemps après, lorsque les papes se furent coiffés de la triple tiare, lorsqu'ils s'attribuèrent, en vertu de l'institution divine, une domination suprême, universelle, la souraineté, devenue dans l'ordre temporel une délégation de leur propre souveraineté, changea de nature. Elle ne fut plus simplement la force, mais l'attribution spéciale d'un droit dérivé de celui que Dieu même avoit directement et surnaturellement conféré au chef de l'Église. On dut alors obéir au prince par la même raison qui oblige d'obéir au Pape. Puis, les princes s'étant affranchis d'une dépendance qui leur pesoit, ils conservèrent l'idée d'institution divine dans leur race, ou dans leur personne, mais ils rattachèrent immédiatement à Dieu le droit dont ils se disoient investis. Ce fut là le droit divin, tel que l'établit la déclaration du clergé de France, en 1682, tel que nous l'avons vu expliquer et défendre encore de nos jours. On a soutenu ensuite, selon la doctrine des théologiens du quatorzième et du quinzième siècle (1), que la souveraineté découloit originairement du peuple, mais en ajoutant, contre les principes de ces mêmes théologiens, que ce choix fait une fois lioit le peuple à jamais, parce que Dieu le consacroit immuablement, et, pour ainsi dire, appliquoit sur le front de l'élu le sceau de son éternité même. C'est ce qu'on a nommé la légitimité. La papauté n'en tient pas grand compte. Elle en est revenue à saint Paul, au pouvoir de fait, au droit pur et simple de la force.

Lorsqu'avec une audace sans exemple, Gré-

(1) Entre autres le cardinal d'Ailly, Gerson, Jean Major, Jacques Almain, et les Universités du temps.

goire VII priva Henri IV de la dignité impériale, et délia ses sujets du serment de fidélité, il usurpa, qui ne le voit d'abord? un pouvoir qui sûrement ne lui appartenoit pas. Mais quelle impression un pareil acte ne dut-il pas produire sur les peuples! Dans quelle sphère nouvelle il jeta tout à coup les esprits! L'empire, c'étoit la force, la chair; la papauté, c'étoit le droit, l'intelligence, ce qui devoit dominer désormais. Qu'importe sous quelle forme apparut ce principe sauveur? la forme, c'étoit le temps qui la donnoit. Hors de l'Église où eût-on alors cherché la raison sociale? Quand elle s'est déplacée, le pouvoir l'a suivi. Il ne faut pas y regarder de bien près pour reconnoître que la liberté moderne est fille de la théocratie du moyen âge.

Quelle est la vraie notion de la sainteté? Les chrétiens, qui ont eu des choses de vives et profondes intuitions, ont donné à l'Esprit de Dieu le nom de saint : le Saint-Esprit, disent-ils. Or, l'Esprit, c'est l'amour, le principe qui unit, et la vie même qui se consomme dans l'unité. La sainteté, c'est donc la vie parfaite, et, dans sa source éternelle, la vie infinie. Toute sainteté émane de l'Esprit, parce que toute vie émane de lui, est lui à quelque degré. Être saint, dès lors, c'est posséder l'Esprit en soi ; et le caractère auquel on reconnoît qu'on le possède réellement, est la tendance à l'unité qui s'acccomplit par le don de soi ou le sacrifice.

―――

« Il n'y a que ces deux vérités, le tout et « le rien ; tout le reste est mensonge (1). » Et auparavant : « Plus l'âme s'approche de Dieu, « plus elle s'éloigne nécessairement de la créa- « ture, qui est opposée à Dieu (2). »

---

(1) *Moyen court de faire oraison* ; par madame Guion, § xx.
(2) *Ibid.* § xi.

Donc on doit tendre perpétuellement à s'anéantir soi-même, pour substituer la *vérité* au *mensonge,* et pour que *tout ce qui est opposé à Dieu* étant détruit, lui seul soit et demeure à jamais. Et c'est aussi ce que dit madame Guion :

« Nous ne pouvons honorer le Tout-Puis-
« sant que par notre anéantissement (1). » Et encore : « La destruction de notre être con-
« fesse le souverain être de Dieu. Il faut cesser
« d'être, afin que l'Esprit du Verbe soit en
« nous. Or, afin qu'il y vienne, il faut lui céder
« notre vie, et mourir à nous, afin qu'il vive
« lui-même en nous (2). »

Selon cette doctrine, la Création seroit purement phénoménale, une ombre fantastique, une simple apparence mensongère. C'est le panthéisme indien avec sa conséquence de l'absorption des êtres en Dieu, pour reconstituer, toute illusion s'évanouissant, les deux seules vérités éternellement subsistantes, le

---

(1) *Moyen court de faire oraison;* par madame Guion, § xx.
(2) *Ibid.*

tout et le *rien*. Seulement, dans le système indien, la Création, sans réalité, ne reçoit aucune qualification bonne ou mauvaise; elle est *mensonge*, *mahia*, une sorte de rêve divin, comme le disent, sinon les Védas, du moins leurs commentateurs; et c'est là tout. A cette idée d'*inanité*, madame Guion joint celle du *mal*, que lui fournit le dogme chrétien de la déchéance originelle : ce qui fait que, pour elle, l'anéantissement auquel doit tendre la volonté bien ordonnée, prend le caractère de sacrifice et devient un culte expiatoire.

Cette vue philosophique des choses renferme, en toute hypothèse, la négation de la réalité finie ou créée; et, dans sa relation avec l'univers, qui, quel qu'il soit, doit rentrer et aspirer à rentrer dans les profondeurs infinies de l'Être un, elle peut être appelée la religion de la mort.

Le panthéisme, au reste, a toujours été l'écueil des mystiques; on en reconnoît le germe au moins dans leur tendance au quiétisme, qui forme le fond de leur doctrine pratique. Un des premiers conseils que donne le père Falconi à une personne qu'il dirigeoit, est celui-ci : « Ne pensez volontairement à « aucune chose, quelque bonne et quelque « sublime qu'elle puisse être. » Un être sans pensée seroit un être sans amour, sans action, une négation d'être, et le précepte du père Falconi aboutit à l'anéantissement absolu, au *rien* de madame Guion. Ce qu'il importe de remarquer surtout, c'est la liaison de ces étranges erreurs avec certains systèmes de philosophie qui les engendrent logiquement par une nécessité rigoureuse. Tout se résume en ces deux grands faits, Dieu et la Création, et jusqu'ici l'esprit humain n'a pu parvenir à en concevoir la coexistence.

Tout ce qui est essentiellement un, est *participable sans être divisible*. Cela est vrai, pre-

mièrement de Dieu; et c'est ce qui rend la
création possible. Cela est vrai ensuite de tous
les êtres créés, qui, sans cela, n'auroient entre
eux aucunes communications réelles, et dont
toutes les relations se réduiroient à des relations de distance dans l'espace. Le degré pour
eux le plus parfait d'union, seroit la simple
continuité. Par conséquent, rien d'étendu n'est
réellement participable, rien d'étendu n'est
communicable. En effet, pour que l'étendue
fût communicable ou participable, il faudroit
que deux étendues se pussent pénétrer, qu'elles
ne fissent qu'une seule et même étendue, qu'à
la fois elles fussent deux et ne fussent qu'un.
Ce qui se communique, l'être positif, l'être *un*
ou inétendu, se fait lui-même en se développant sa propre étendue; et c'est la condition
de l'existence phénoménale.

En relation par les sens avec ce qui subsiste sous les conditions de l'étendue, l'esprit regarde l'univers et y découvre les phénomènes et les rapports entre les phénomènes.

En relation directe par l'intelligence pure avec ce qui ne subsiste point sous les conditions de l'étendue, l'esprit regarde Dieu et découvre en lui les idées et les rapports entre les idées.

La science des idées ou la science de Dieu, procède donc et se développe donc comme la science des phénomènes ou la science de l'univers. Progressives l'une et l'autre, assujetties l'une et l'autre aux mêmes lois, elles ne diffèrent que par leur objet ; et quoique à cet égard séparées, il existe entre elles une radicale union, l'union de la cause à l'effet, qui, n'étant que par elle, ne peut être conçu sans elle ; de sorte que, sous ce point de vue encore, la science humaine, autrement impossible et contradictoire, implique rigoureusement l'union effective de l'infini ou de la Cause suprême dans laquelle se résolvent toutes les causes, et du fini ou des réalités phénoménales dans lesquelles se résolvent tous les effets. La science du fini seul seroit la science de l'animal, qui, enseveli dans les phénomènes, ne sauroit remonter au delà. La science de l'infini seul est la science propre de Dieu, la connoissance même qu'il a de soi, en tant que nécessaire, immuable, absolu. La science de l'homme uni à Dieu, uni à l'univers, est l'union de ces deux sciences au degré que comporte sa nature.

———

On ne peut arriver à la certitude que par deux voies, par la démonstration et par l'expérience qui constate les choses de fait. Aucune de ces deux voies ne peut servir à prouver la persistance de l'homme après la mort; car la démonstration implique le nécessaire, et il n'y a rien de nécessaire dans l'homme, être contingent. Nous ne saurions davantage acquérir expérimentalement la certitude d'une existence qui n'est pas actuellement la nôtre, et dont les conditions échappent à nos sens, par lesquels seuls nous constatons les faits extérieurs. Il est donc absurde de demander des preuves absolues de la persistance de l'homme après la mort. Mais nous en avons l'instinct inné, et la raison justifie cet instinct, non pas en démontrant, chose contradictoire, cette persistance, en la déduisant d'un principe de nécessité, mais par la liaison qu'elle établit entre la foi instinctive de l'humanité et les lois de notre nature indéfiniment progressive. A quelque point du temps que vous arrêtiez l'homme, il sait, il sent qu'il n'a point achevé son évolution; qu'il existe au delà un degré de développement ou de perfection qu'il n'a pas atteint et qu'il pourroit atteindre. S'il mouroit tout entier, s'il finissoit jamais, il existeroit au sein de l'univers une contradiction éternelle, une puissance stérile, une tendance *naturelle* à quelque chose de possible en soi, et que la *nature* même de l'être en qui subsisteroit cette tendance ne lui permettroit pas d'atteindre.

―――

La douleur est sentie et non pas conçue. Qui n'a point souffert n'a aucune idée de la souffrance, car elle n'a point de type, de modèle hors de l'être souffrant; elle n'est que la conscience qu'il a de soi, de son état interne, et il en est ainsi de toutes les sensations. Pour les connoître il faut nécessairement les éprouver, et chacune d'elles n'apprend rien des autres. Il semble donc que Dieu ne sauroit connoître la douleur, puisqu'il ne sauroit l'éprouver. Il connoît seulement les causes qui la produisent, ses conditions. N'ayant rien de distinct du sentiment individuel qu'on a de soi, ou plutôt n'étant que ce sentiment même, il est impossible de la concevoir en Dieu, car mon moi n'est pas le moi divin ; et si le moi divin peut être affecté comme mon moi, sentir ce que je sens, il souffre quand je souffre, il est le centre de toutes les douleurs de la Création. Qu'on ne dise pas que c'est là mettre des bornes en Dieu, nier son omniscience ; ce n'est pas borner le Créateur que de dire qu'il n'est pas la créature ; ce n'est pas nier son omniscience que de n'y pas comprendre ce qui, par sa nature, ne sauroit être un objet de la science, ce qui échappe à la connoissance et ne peut être que senti.

Otez les guerres de dévastation et de conquêtes barbares, comme celle de l'Amérique par les Espagnols, partout on honore le guerrier, et la gloire des armes, si elle n'est pas la plus élevée, est du moins la plus brillante, celle qui émeut et frappe le plus les peuples. On respecte le soldat : le dirai-je? on reconnoît en lui je ne sais quoi qui rappelle une espèce de haut sacerdoce. Et pourtant qu'est-ce qu'un soldat? Un homme dont la fonction est, en s'exposant à être tué lui-même, de tuer d'autres hommes. Vu de ce côté, cela est horrible. N'y auroit-il point de ce fait une cause cachée, une cause qui le rattacheroit aux lois ordinaires et générales de la nature humaine? Car enfin partout aussi on a horreur du meurtrier, et nulle part la conscience ne pactise avec le sang.

Dans tous les temps, chez toutes les nations, on trouve certains hommes investis de la religieuse mission de réprimer et de punir le crime, d'assurer la sécurité publique et privée en faisant régner la justice. Sans cette sublime institution d'une magistrature nationale, toujours profondément révérée lorsqu'elle n'est point corrompue dans son exercice, chaque homme en seroit réduit à se défendre lui-même et l'état de guerre seroit universel. Or, de peuple à peuple nulle magistrature. Quand donc un peuple est attaqué, lorsqu'il souffre une injustice, la guerre est l'unique moyen qu'il ait de s'en garantir, et alors quelques-uns, se dévouant pour tous, s'élèvent par ce dévouement même à une sorte de magistrature qui leur communique sa propre grandeur. Ils deviennent, comme le juge, des ministres de la justice éternelle, immuable, et, en donnant leur vie pour elle, ils ajoutent l'héroïsme du sacrifice à la sublimité de leurs fonctions. S'il existoit entre les peuples des tribunaux dont les sentences eussent une sanction suffisante, comme il en existe entre les individus, on verroit peu à peu changer l'opinion en ce qui touche la guerre; elle inspireroit la même horreur que tout autre genre de meurtre, parce qu'elle ne seroit plus en effet que le meurtre pur et simple. Les développements futurs de la civilisation amèneront-ils une institution semblable? Je le crois, et ce temps ne me paroît pas même extrêmement éloigné pour les nations chrétiennes. Mais auparavant il faudra que tous les vieux gouvernements de famille et de caste disparoissent avec le droit qui leur sert de base.

———

Caïn tue Abel, voilà le premier meurtre, et tous les meurtres sont des fratricides. Le meurtrier se juge lui-même : « Quiconque, « dit-il, me rencontrera, me tuera. » Tel est le droit tel qu'il a régné jusqu'ici sur la terre, et c'est Caïn qui en est l'auteur. Dieu, au contraire, lui dit : « Non, il n'en sera point ainsi ; « mais quiconque tuera Caïn sera puni au « septuple. » Ainsi la peine de mort a été divinement proscrite à l'origine. La vie de l'homme même le plus criminel a été déclarée sacrée pour l'homme. Celui qui attaque son frère se sépare par là même de la société humaine, il devient vagabond et errant sur la terre : *Vagus et profugus erit super terram;* et

dans cette fuite terrible il emporte avec lui son crime : *In foribus peccatum aderit.* Observez encore cette loi qui apparoît dès que l'homme *a connu le bien et le mal,* et qu'il a pu choisir librement entre l'un et l'autre : « Tu t'assujet-
« tiras tes convoitises mauvaises, et tu domi-
« neras sur elles : *Sub te erit appetitus ejus*
« *(peccati) et tu dominaberis illius.* » Subordination des appétits sensuels aux instincts plus élevés, de l'homme animal à l'homme spirituel : donc, lutte interne et incessante, combat sublime, qui est celui de toute la vie.

Changement du droit après le déluge. Dieu dit à Noé : « Quiconque répandra le sang hu-
« main, son sang sera répandu. » Après la grande catastrophe qui détruisit presque toute la race humaine, les hommes, frappés de terreur, deviennent plus cruels les uns envers les autres, en ce sens du moins que le meurtre est autorisé en certains cas déterminés. Ils oublient la règle primitive; la loi se teint de sang.

Sans lois nul état ne subsistera ; et qu'est-ce que les lois, si l'on n'y obéit point, si chacun peut se croire dispensé d'y obéir, lorsqu'elles choquent ses idées de justice ? Belle thèse pour les gouvernements et pour leurs jugeurs. Mais qu'est-ce qu'une loi ? Est-ce uniquement la volonté de celui qui commande ou du plus fort ? Non, mais de celui qui a, indépendamment de la force, un véritable droit de commander. Mais ce droit de commander rend-il obligatoires, rend-il licites tous les commandements ? Personne ne l'oseroit dire. La loi est donc un commandement juste, issu de celui qui a le droit de commander. On ne doit donc réellement obéissance qu'aux lois que légitime ce caractère de justice : elles seules sont de vraies lois. La maxime contraire est une maxime de tyran, et aussi l'invoque-t-on en faveur de toutes les tyrannies. Qui jugera cependant si une loi est juste ou si elle est loi? La conscience de chacun, il le faut bien, et, en dernier ressort, la conscience publique. Sortez de là, il n'est point de forfaits qui ne soient justifiés, consacrés. Dans tous les temps, les plus grands crimes ont été commis au nom des lois.

Que d'idées à réformer encore! que de préjugés ont survécu à l'âge de ténèbres où ils naquirent! On dit : Pour que les hommes se détournent du mal, pour qu'ils accomplissent le bien, il faut au précepte une sanction puisée dans les intérêts sensibles et, pour ainsi dire, organiques de celui qui doit obéir. De là l'enfer et les peintures atrocement absurdes qu'on en fait. Il est très-vrai que le désordre moral engendre la douleur physique, mais il n'est pas vrai que la douleur physique soit la sanction du précepte moral. La raison d'éviter les vices abrutissants, ce ne sont pas les maladies qu'ils produisent, car, lors même qu'ils n'enfanteroient point ces maladies, l'on ne devroit pas les éviter moins soigneusement. Le motif de fuir le mal, de s'en abstenir, est dans le mal même, et non dans les conséquences individuelles du mal. On dit à l'enfant : Ne faites pas cela. — Pourquoi? — Vous serez puni si vous le faites. — Ce n'est, certes, pas là le vrai motif de s'abstenir ; mais l'enfant n'en comprend pas d'autre. Au pourquoi du jeune homme, dont la raison et la conscience se sont développées, on fait, on doit faire une autre réponse ; et celui-ci s'abstient en vertu d'un motif originairement désintéressé. Ainsi des peuples à mesure qu'ils croissent, de l'humanité à mesure qu'elle vieillit et se perfectionne en vieillissant. Sous ce rapport, qui ne touche point à l'essence immuable du bien et du mal, la morale change d'époque en époque, et la religion dès lors aussi.

———

La grande lutte de ce monde est la lutte de l'individualité contre l'unité, de l'individualité de doctrine contre l'unité de doctrine, de l'individualité d'amour ou de l'égoïsme contre l'unité d'amour ou la charité, de l'individualité d'action contre l'unité d'action ou du désordre contre l'ordre. Et l'on voit d'abord que le vrai étant un, ou n'étant point, la lutte de l'individualité de doctrine contre l'unité de doctrine est la lutte de l'erreur contre la vérité; que l'amour étant un, ou n'étant point, puisqu'il diviseroit au lieu de rapprocher, la lutte de l'individualité d'amour contre l'unité d'amour est la lutte de la haine contre la sympathie et la loi vitale du dévouement; que dès lors la lutte de l'individualité d'action contre l'unité d'action n'est qu'un continuel effort pour réaliser l'erreur et la haine, en opposition avec tout ce qui tend à réaliser, au contraire, l'erreur et la vérité, c'est-à-dire la lutte du mal contre le bien.

On a commencé à comprendre cela : l'individualisme est à peu près abandonné en théorie. L'unité préoccupe les esprits ; mais tous, ou presque tous, veulent la réaliser par la force, ce qui ne fait que ramener l'individualisme même sous sa forme la plus terrible. Ce que chacun veut réaliser, c'est sa doctrine individuelle, et le moteur de cette volonté est dès lors aussi l'amour individuel, car on s'aime dans sa pensée autant et plus que dans tout le reste. Les mots d'humanité, de fraternité ne sont qu'un prétexte.

L'unité véritable ne se formera jamais que par la liberté ; l'unité de doctrine par la conviction qu'engendre la discussion libre ; l'unité d'amour ou l'unité de vie, par le dévouement libre, le don volontaire de soi aux autres ; l'unité d'action ou l'ordre social que réalise la force *éclairée et réglée,* par le développement de ce qui l'éclaire et la règle, c'est-à-dire par les conditions de l'unité de doctrine et de l'unité d'amour, qui constituent la loi du vrai et du bien.

La société, disent quelques-uns, dans leurs rêves d'unité sociale et de bonheur commun, élit ses propres directeurs, qui seront, comme de raison, les plus éclairés, les plus sages et les plus vertueux. Le pouvoir organise les travaux, assigne à chacun sa fonction, donne aux enfants élevés dans les établissements publics une éducation uniforme, de rigueur pour tous, et détermine ensuite l'état qu'ils devront forcément embrasser. Chaque membre de la société reçoit une part proportionnelle à sa capacité et à ses œuvres, ou, selon d'autres, égale pour tous, des produits créés par le travail.

Pour justifier cette théorie, on dit que chaque individu est tenu de se dévouer au bonheur de tous, de se sacrifier à la société dont il n'est qu'une petite fraction.

Ainsi donc, pour réaliser cet universel bonheur, on commence par ravir à chaque individu son libre arbitre, sa liberté d'homme, et par le réduire, quelle que soit son intelligence, son activité, son industrie, à un salaire fixé par le pouvoir social, suivant les uns, ou, suivant les autres, à la pitance du moine dans son couvent.

Je conçois, certes, que c'est là un grand, un immense sacrifice. Mais comme il sera d'obligation pour tous indistinctement, à qui profitera-t-il, je vous prie? Qu'est-ce que cette abstraction appelée société, qui sera libre, heureuse, tandis que chaque membre réel et vivant de la société, plus serf que le serf du moyen-âge, n'aura rien en propre, et, depuis le berceau jusqu'à la tombe, ne pourra pas un seul instant disposer de soi? On sera libre collectivement, heureux collectivement, et individuellement esclave, individuellement plus misérable que le nègre des colonies, qui peut se faire un petit pécule et s'en servir pour se racheter.

Mais voilà tous ces gens à l'œuvre. Qui les dirigera? qui les surveillera? qui saura de quelle manière chacun d'eux accomplit sa tâche? qui recueillera les produits? qui les échangera, les vendra? Car une partie devra passer par le commerce à l'étranger. Qui touchera le prix de la vente? qui le distribuera? Il faudroit autant de surveillants, autant d'agents du pouvoir, que de travailleurs réels. Et qu'est-ce que cela, sinon l'esclavage antique, une classe de maîtres ordonnant, administrant, n'importe au nom de qui, et une classe de machines employées à la production? L'hérédité au moins n'y sera pas. Elle y seroit bien vite, elle y seroit le lendemain, si, de toutes les choses impossibles, un pareil système n'étoit pas la plus impossible, grâce à Dieu.

« La société est tout, disent-ils, l'individu « n'est rien. » Supposons donc que ce qui n'est rien ne soit pas, qu'il n'existe point d'individus, que sera la société? Otez les parties, que deviendra le tout? O terrible puissance de l'abstraction! et à quelles énormités d'idiotisme et de bêtise ne peut-elle pas conduire les hommes qui n'ont de règle que leur propre sens !

« La fin justifie les moyens, » c'est-à-dire que le but qu'on se propose en agissant rend juste une action qui ne l'étoit pas. Il n'y a donc rien de juste ni d'injuste en soi. Mais alors comment la fin seroit-elle elle-même juste ou bonne? La supposera-t-on simplement utile, vous aurez cette maxime : Il n'existe point d'autre justice que l'utilité ; on peut faire justement tout ce que l'on peut faire utilement. Il ne reste qu'une difficulté, c'est d'obtenir pour cette doctrine la sanction de la conscience humaine.

La preuve qu'aux yeux de la religion même la société telle qu'elle existe renferme une iniquité, une injustice fondamentale, c'est qu'elle promet aux hommes qui souffrent de cette injustice, aux pauvres, aux foibles, aux déshérités, une grande réparation future. Et cependant, au nom de cette même religion, on condamne, on maudit ceux qui travaillent à établir la société sur une base plus juste. D'un côté on dit : Dieu veut le mal présent, essayer de le détruire, c'est se révolter contre sa providence, contre ses décrets souverains ; et, d'un autre côté : Dieu déteste le mal présent, et sa vindicte lui réserve un châtiment terrible, là où régnera un ordre éternel. Se peut-il de contradiction plus manifeste et plus choquante ?

M. de Bonald parle beaucoup de résistance passive, il ne permet que celle-là. La résistance passive est la résistance du cou à la hache qui tombe dessus.

N'est-ce pas quelque chose d'incroyablement monstrueux qu'un système d'après lequel des millions d'êtres humains doivent être sacrifiés à l'orgueil et à l'intérêt d'une seule famille ; que des sociétés fondées tout entières sur cette abominable doctrine ? Il est vrai qu'on la masque, qu'on la déguise sous de menteurs prétextes d'ordre public et de bien des peuples. Mais qui pourroit être dupe de cette hypocrisie ? Qui croira, par exemple, que l'oppresseur, que le meurtrier de la Pologne, ait pour but le bien de la Pologne ? Qu'en tyrannisant l'Italie, l'Autriche n'ait en vue que la félicité de l'Italie ? Qu'en séquestrant du reste de l'Europe la Hongrie, écrasée par une administration soupçonneuse qui détruit toute liberté, arrête tout développement, emprisonne cette belle nation dans l'ignorance et dans la misère, le monarque autrichien ne pense qu'à elle, et non pas à soi ; qu'il l'étouffe par tendresse ? Ainsi partout ; car partout l'humanité gémit sous la sanglante domination de ses tyrans ; elle râle sous les pieds de quelques monstres imbéciles. Et il y a dans le monde un prêtre couronné qui lui dit : Ne bouge pas! laisse-toi fouler, broyer, Dieu te l'ordonne. Tes souffrances, tes angoisses, ton agonie, c'est l'ordre suprême, éternel. Sachant bien que cette vérité pénétreroit difficilement dans ton esprit et dans ta conscience, que jamais tu ne l'aurois découverte de toi-même, il a, du haut des cieux, envoyé son Fils pour la révéler. Crois, adore et tais-toi !

———

L'histoire, qu'est-ce? le long procès-verbal du supplice de l'humanité. Le pouvoir tient la hache, et le prêtre exhorte le patient.

———

Il est instructif et curieux de remarquer, dans l'histoire, le secours que les deux Puis-

sances, lorsqu'elles ne se disputoient pas la domination, se sont toujours mutuellement prêté. La politique s'aidoit de la doctrine, comme la doctrine, en d'autres circonstances, s'aidoit de la politique. Les conférences de Ruel, au temps de la Fronde, eurent pour résultat un traité de paix entre la cour et le parlement, traité que le peuple vit de mauvais œil. « Pour empêcher que l'esprit de révolte
« ne se renouvelât chez eux, disent les mémoi-
« res du temps, la cour mit en pratique tout
« ce qu'elle crut lui être utile. Toutes les com-
« munautés et tous les couvents qui fournis-
« soient des prédicateurs aux chaires de Paris,
« eurent ordre de leur faire étudier l'Écriture
« sainte, où il est parlé de l'obéissance due
« aux souverains, afin qu'ils en remplissent
« leurs sermons. On n'entendit sonner autre
« chose dans toutes les paroisses, et dans tous
« les lieux où l'on a coutume d'entendre la
« parole de Dieu, ce qui, joint au souvenir que
« chacun avoit de l'état où il avoit été réduit

« pendant le blocus, contint les esprits du-
« rant un temps (1). » Un siècle auparavant,
pendant la ligue, les mêmes moines, d'accord
avec la Sorbonne, prêchoient, au nom du Pape,
d'autres maximes; mais les intérêts étoient
autres aussi. Sous des formes différentes et
chez tous les peuples, quelle que fût leur religion, il y eut toujours bien de la terre dans
les choses du ciel.

On parle de son droit, on affecte de se croire
fort de raison : ce pouvoir qu'on possède, il
appelle l'examen, il défie toute contestation;
plus on en sonde la base, plus on la trouve
inébranlable, plus on voit clairement que l'ordre établi a sa racine dans la nature éternelle

---

(1) Mémoire de M. de Bordeaux, intendant des finances; t. II, p. 77.

des choses, dans le sein même de Dieu. Voilà ce qu'on répète gravement, solennellement. Mais enfin le secret échappe : « N'oublions « jamais que le dernier malheur des rois, c'est « de ne pas jouir de l'obéissance *aveugle* du « soldat ; que compromettre ce genre d'autorité « qui est la *seule* ressource des rois, c'est s'ex- « poser aux plus grands dangers. C'est là véri- « tablement la partie honteuse des monarques « qu'il ne faut pas montrer, même dans les « plus grands maux de l'État (1). » De là l'u- nion des monarques et de l'Église. Pour main- tenir les monarques, la force aveugle ne suffit pas : il faut de plus que l'esprit se soumette, car, après tout, on ne peut entièrement dé- truire l'intelligence. Substituant la foi à la raison, l'Église, en vertu de son autorité in- faillible, commande de croire, commande d'o- béir. Les monarques, en retour, lui rendent

---

(1) Mémoire du cardinal Dubois adressé au régent, contre la convocation des états-généraux.

un service pareil. Si la raison conteste le droit royal, elle conteste aussi le droit de l'Église. Pour maintenir son autorité, elle a aussi besoin de la force : les rois alors lui prêtent leur appui, et c'est ce qu'on appelle la concorde du sacerdoce et de l'empire. Cette concorde est la chaîne à doubles anneaux qui lie les peuples. Le pouvoir spirituel en tient dans sa main l'un des bouts, le pouvoir temporel tient l'autre. Lorsqu'ils viennent à tirer tous deux, les os craquent et l'angoisse est grande.

Je voyois passer sur les générations humaines palpitantes des spectres couronnés, qui les fouloient et les pressoient comme on presse la vigne au temps des vendanges. Un sourd gémissement s'élevoit sous leurs pas, car ils avoient froissé celui-ci, brisé celui-là, dépouillé le misérable du fruit de ses sueurs, enlevé aux enfants mêmes leur pauvre petit morceau de pain noir. Il y avoit là des angoisses inouïes. Ce que je vis après, je ne le puis dire, car je ne sais que la langue des hommes.

A terre, à terre, devant l'image de Dieu ! Qui dit cela ? Le prêtre. Pauvre peuple, le voilà prosterné. Lui, le roi, comme ils l'appellent, met le pied dessus. C'est bien ! La société est désormais fondée.

Ils disent que Dieu ordonne d'obéir. A qui ? A ceux qu'il envoie lui-même. Où sont-ils ? Qu'on me les montre. Avait-il envoyé Néron ? A-t-il envoyé Nicolas ? Nicolas que l'enfer même n'oseroit avouer ! Encore un coup, à qui ?

Au plus fort. Et c'est Dieu qui auroit dit à la force : Tu gouverneras ceux que j'ai faits à ma ressemblance ! Mais qui sera plus fort que le peuple, quand le peuple uni voudra user de sa force ? Donc alors c'est à soi qu'il devra obéir. Est-ce enfin à ceux qu'il aura choisis ? Mais choisir, ce n'est pas obéir, c'est commander. Voilà donc l'obéissance qui naît du droit de commandement. Le peuple commande au peuple d'obéir à celui à qui le peuple a dit : Commande. Car si le peuple ne lui a pas dit : Commande, où est son droit ? On avoue qu'il n'en a aucun. Ainsi le peuple obéit parce qu'il commande, et si d'abord il ne commandoit, il n'existeroit pour lui aucun devoir d'obéissance ; il s'impose à lui-même ce devoir ; obéir et commander sont pour lui une même chose. Et ces idiotes maximes, ces incomparables inepties, on les énonce gravement ! Est-ce tout ? Non. Le peuple a fait son choix, il s'est élu un chef : qu'en concluez-vous ? Qu'éternellement il doit appartenir à ce chef ?

Mais, ou il n'a pas eu le droit de l'établir, ou il a certainement celui de le congédier, puisque ce droit n'est radicalement que sa volonté même. Ainsi la question revient toujours : A qui Dieu ordonne-t-il d'obéir? De plus, obéir, qu'est-ce ? Et quelles sont les limites de l'obéissance raisonnable, légitime? Le pourriez-vous dire? Ces limites, est-ce Dieu qui les a fixées? Ou est-ce le peuple qui les fixe? Si c'est Dieu qui les a fixées, où? Et quelles sont-elles? Si c'est le peuple qui les fixe, il n'obéit donc qu'autant qu'il veut, comme il veut, quand il veut. Le précepte divin se réduiroit donc à ordonner au peuple d'obéir au peuple.

Examinons sous un autre point de vue le droit de commandement.

La volonté d'un homme ne peut être obligatoire pour un autre homme que de deux manières : ou par elle-même, ou par un exprès commandement de Dieu; car la simple promesse de s'y soumettre ne la rend pas obligatoire essentiellement.

Si par elle-même, la différence radicale de condition implique une différence radicale de nature, il faut dire qu'il y a deux races d'hommes, et M. de Maistre l'a dit équivalemment. Quiconque se porte pour souverain a donc à prouver deux choses, qu'il existe deux races d'hommes, et qu'il appartient à la race supérieure.

Si par un exprès commandement de Dieu, ou l'homme dont la volonté est imposée pour règle aux autres hommes, est éclairé, dirigé intérieurement par Dieu, ou il est abandonné à ses propres lumières.

Dans le premier cas, on est obligé de reconnoître dans les souverains une inspiration divine permanente, et par conséquent de déifier leurs erreurs et leurs crimes comme souverains.

Dans le second, on est obligé de soutenir que Dieu ordonne aux hommes de se soumettre à des volontés erronées et désordonnées : on est obligé de dire que, pour conserver l'ordre parmi ses créatures morales et intelligentes, la suprême raison et la justice suprême leur commandent de violer, en certaines circonstances, les lois de la justice et de la raison.

En outre, inspiré ou non inspiré, le souverain, par exprès commandement de Dieu, doit justifier du choix de Dieu. Jusqu'à ce qu'il montre ses titres, l'acte authentique de son élection, il n'est qu'un brigand et un imposteur.

Je gouverne avec justice, je laisse au peuple une grande liberté. Soit. Mais qui t'a constitué le dispensateur de la liberté et de la justice? En quoi dépendent-elles de ta volonté? Si l'on te doit de la reconnaissance pour ce que tu donnes, c'est donc que tu pourrois ne pas le donner? Étrange chose que d'être libres par ta permission, autant que tu le veux et pas davantage, pendant que tu le veux et pas plus longtemps! Enchaînés de droit et par nature, ta clémence est si large que tu consens à nous laisser quelquefois marcher sans fers. En vérité, nous te rendons grâces! Qui auroit pensé que les hommes pussent atteindre à un pareil degré de bonheur et d'élévation! Ceux que Dieu fit à son image touchent maintenant presque à tes pieds.

Couche-toi là, mon peuple, et bêle ta joie, car tu as un maître qui t'aime, un père plutôt qu'un pasteur. O peuple chéri! amour pour amour : donne-moi ta toison, car j'ai froid; ton sang, car j'ai soif; ta chair, car j'ai faim.

La liberté, c'est l'intelligence; la liberté, c'est aussi l'amour : l'intelligence, car où elle n'est pas, là est la loi de la nécessité; l'amour, car qui n'aime point, ou qui n'aime que soi, n'est pas libre, mais tyran. Et voilà la source du contraste que partout on remarque dans la société présente. Le développement de l'intelligence pousse invinciblement les hommes à la liberté, et ils n'arrivent qu'à la servitude, parce que l'amour d'autrui, l'amour social, principe du sacrifice et qui a sa racine dans la foi, s'est éteint avec elle. Chacun s'aimant par-dessus tout et s'aimant comme centre, est, quoi qu'il fasse, traîné sur le trône, s'il est fort, ou enchaîné au pied du trône, s'il est foible. Nul ne veut obéir, et tous veulent commander ou que leur parti domine, c'est-à-dire que la tyrannie est au fond de toutes les âmes. Demandez au ré-

publicain son secret : son secret, j'en excepte le
petit nombre, est le pouvoir, le triomphe de
son opinion et de son intérêt. Il se dit : Quand
je serai roi ! c'est là sa république. Le roya-
liste est, en un sens, plus près de la liberté,
parce qu'il aspire avec moins de violence à la
domination. Mais en lui, ce n'est pas vertu,
ce n'est qu'habitude de plier sous la volonté
d'un autre. Il ne sauroit que faire de soi, où
aller, comment se conduire, s'il n'étoit bâté
et bridé. A celui-ci c'est principalement l'intelligence qui manque. Ses maîtres lui ont dit :
Dieu t'a donné à nous; et il le croit, et il
écarte de son esprit, comme une pensée de
crime, toute pensée contraire. Que dis-je? il
repousse toute pensée pour être plus sûr de
son innocence. De là une sorte d'état bestial.
En attendant que quelque chose se remue dans
sa tête, attelez ce bœuf à la charrue : c'est un
animal doux, vous n'avez rien à craindre.
Va, mon ami, et creuse ton sillon, aujour-
d'hui, demain, tant que tu auras de force.

Tu es né pour cela, ne le sais-tu pas? Que deviendrois-tu, que deviendroit le monde, si le jour tu n'avois le joug et l'aiguillon, l'écurie le soir avec une poignée de foin, et l'abattoir dans ta vieillesse?

———

La science et l'intelligence furent les premières à s'affranchir et à former dans le moyen-âge, au sein de la servitude féodale, comme des modèles de société libres. Ce que le pouvoir d'alors respecta, peut-être dans la vue d'établir des centres d'opposition à l'Église, les pouvoirs de nos jours s'en jouent insolemment. Des libertés qui, sans parler du droit fondamental, avoient pour elles un droit de possession de six siècles et plus (1), sont abolies par la force brutale, en vertu du droit absolu qu'elle s'arroge sur l'homme tout entier.

(1) On parle ici des Universités d'Allemagne.

Jamais les peuples ne furent broyés sous une meule plus dure. Biens, corps, âmes, elle écrase tout, elle réduit tout en je ne sais quelle poussière, qui, pétrie avec des larmes et du sang, et bénie par le prêtre, sert à faire le pain des rois. Ce pain est doux à leur palais, ils s'en gorgent ; ils en ont faim, et toujours faim. Mangez, ô rois, engloutissez ; faites vite, point de repos, la terre vous en conjure ; car ce qui descend dans vos entrailles avec cette nourriture exécrable, ce n'est pas la vie, c'est la mort.

———

Les innombrables questions relatives à l'ordre purement temporel et d'où dépendent, sous ce rapport, le bien-être ou les souffrances des peuples, se résolvent toutes, la foi morale étant supposée, dans des questions d'organisation sociale et de gouvernement. Or, d'une part, on dit que Jésus-Christ, dont la mission spirituelle ne regardoit que le monde futur, n'a dû ni voulu exercer aucune autorité sur les choses de celui-ci, en ce qui touche la police extérieure des États, leurs lois politiques et civiles; et l'on soutient, d'une autre part, qu'il ordonne de se soumettre à tous les pouvoirs, quels qu'ils soient. Comment concilier ces deux assertions? Et quelle liberté, quels moyens de défense et d'action resteroit-il aux chrétiens dans la société, qui n'est pas l'Église, et qui est indépendante de l'Église, s'ils étoient tenus d'obéir toujours à la force prépondérante, quelque tyrannique qu'elle pût être? Dira-t-on que la résistance, en certains cas, est permise; mais que, pour devenir licite, elle doit être autorisée par l'Église? Voilà donc l'Église juge des questions politiques et civiles, contre la première maxime que l'on établit en son nom. Il faudra pourtant bien qu'on finisse par opter entre ces deux principes, qui visiblement s'excluent l'un l'autre.

Lorsqu'une foi sincère et profonde animoit les chefs de la société comme les derniers de ses membres, c'étoit un sublime et touchant spectacle, qu'un roi humiliant sa grandeur en présence d'une grandeur plus haute, et s'agenouillant devant le pauvre pour lui laver les pieds. Il y avoit là une magnifique confession du droit véritablement divin, une reconnoissance solennelle et sainte de la souveraineté à jamais impérissable du peuple, de la majesté, de la royauté de l'humanité, que figure le Christ, né pauvre et mort pauvre. Le dépositaire de la puissance venoit prêter foi et hommage à ceux dont, suivant l'exprès commandement de Dieu même, il ne devoit être que le serviteur. Mais quand on ne croit plus, mais quand le pauvre, avant, après cette cérémonie dérisoire, est traité comme un ennemi qu'on craint, ou comme un animal qu'on exploite, conçoit-on d'hypocrisie plus détestable et de plus amère ironie que ce lavement des pieds? à moins que ce ne soit une occasion de se laver les mains à la façon de Pilate.

Le besoin de la vie sociale est si grand dans l'homme, qu'une des plus vives souffrances des âmes élevées, à certaines époques, est de ne trouver aucune société à laquelle elles puissent s'attacher pleinement. La société temporelle n'est guère qu'un cloaque, une salle de torture, ou un échafaud. Dans l'Église, la hiérarchie a divorcé avec le Christ, sauveur du genre humain, pour forniquer avec tous ses bourreaux. Le Pape baise au front la mort, parce qu'elle a un diadème sur son crâne sec, et un glaive à la main. O Dieu! ô Dieu! ils ont fait de ton temple un sépulcre où le prêtre rampe pour disputer aux vers leur pâture immonde.

Ils font au peuple un reproche terrible, un reproche dont, à vrai dire, il est difficile de le laver : le peuple veut manger, le peuple a faim.

Il y a des époques où l'homme, séparé de Dieu, de sa vérité, de son amour, de sa puissance, s'agite au fond de sa misère, et se dit : Je me sauverai seul. Et vous le voyez dresser sa tête, tendre tous ses membres, ébranler des masses énormes, soulever la société, et retomber haletant sous ses ruines. Le chrétien s'agenouille, dit : Je ne puis rien, combat au nom de celui qui peut tout, et le monde est renouvelé.

La terre est nue ; vous êtes en hiver, et vous dites : Il faut que demain nous ayons les chaleurs de l'été, et sa verdure, et ses richesses. Mais laissez donc monter peu à peu le soleil, et les plantes croître peu à peu. Les rayons embrasés du solstice tueroient leur germe délicat, et qu'auriez-vous, pauvres insensés, à recueillir en automne ?

Ce qu'on lit de plus horrible dans les anciennes histoires n'égale pas les perfidies et les cruautés inspirées aux Hollandois par l'amour du gain. La prise de Macassar, qui leur valut le monopole du commerce des Célèbes, offre peut-être, avec ce que la férocité a de plus affreux, ce que la trahison a de plus noir. Cette suite de crimes inouïs, exécrables, délibérés froidement à Batavia dans le conseil de la compagnie des Indes, et exécutés non moins froidement, présente une véritable scène de l'enfer. Mais les Hollandois ne se piquoient ni de religion ni de conscience. Leur Dieu c'étoit l'or, leur culte le trafic. Là-dessus ils ne cherchoient à tromper ni les autres ni eux-mêmes. L'athéisme étoit comme un article de règlement qu'ils ne cachoient pas, tant il leur paroissoit simple. Ce peuple dur et froid ressembloit à une barre de fer forgée par Satan et façonnée en chiffres.

Les Portugais, au contraire, et les Espagnols, mêloient constamment je ne sais quelles idées de foi et des pratiques de dévotion aux épouvantables barbaries qu'ils exercèrent dans les deux Indes. Presque toujours on les voit prier avant de commettre un acte atroce. Ils ne manquent jamais de mettre leurs massacres sous la protection de Jésus-Christ, de la Vierge et des saints. Leurs poignards sont ornés de chapelets. En vérité, les peuples qu'ils conquirent, ou plutôt qu'ils exterminèrent pour s'emparer de leur dépouille, comme on tue un animal pour avoir sa peau, durent se faire une étrange idée de la religion de ces monstres. Le christianisme dut être à leurs yeux quelque chose de si effroyable, qu'une seule chose m'étonne dans la difficulté qu'on éprouva à les convertir, c'est que le temps ait pu vaincre l'horreur qu'il leur inspiroit. Il devoit apparoître perpétuellement à leur imagination effrayée comme le fantôme du meurtre, tout rouge encore du sang de leurs ancêtres.

Et pas une parole ne partit de Rome pour protéger l'humanité, pour maudire et réprouver au nom du Christ ces forfaits détestables de l'avarice et de l'ambition! Les Papes eurent d'autres pensées. Ils ne dirent point aux conquérants : De quel droit envahissez-vous l'héritage d'autres peuples? De quel droit égorgez-vous ces peuples innocents, innocents au moins envers vous? Ils dirent : Nous vous les livrons, eux et leurs terres ; mais point de disputes pour le partage, cela ne convient pas entre chrétiens. Toi, tu prendras ceci, et toi tu prendras cela. Tu dévasteras, tu tueras jusqu'à cette limite, mais pas au-delà, sous peine d'encourir l'indignation de saint Pierre. La tête tourne, on ne sait où l'on est, lorsqu'on vient à se rappeler que de pareils actes sont émanés du chef suprême de l'Église chrétienne, et qu'ils ont été, de nos jours même, je ne dis pas justifiés, mais loués, préconisés comme de merveilleux exemples des bienfaits du christianisme et de la puissance pontificale, comme des œuvres presque divines. Il est donc vrai que les doctrines peuvent, en restant les mêmes quant aux mots, changer totalement de caractère, selon celui des hommes qui les professent, et selon les principes que leurs passions y joignent dans le progrès des temps. La religion de Jésus-Christ, religion de douceur, de paix et d'humanité, a plusieurs fois ensanglanté la terre et servi de prétexte à des cruautés inconnues à beaucoup de nations que nous nommons barbares. La religion de Jésus-Christ, religion de justice et de liberté, à quoi l'emploie-t-on en ce siècle même? A opprimer les peuples et à légitimer leur oppression : l'Apôtre disoit aux premiers chrétiens : *Le Christ vous affranchira ;* et le successeur des apôtres dit aux chrétiens de nos jours : Le Christ vous défend de vous affranchir. Lequel croire?

Revenant à ce que nous disions d'abord, il y a pourtant une autre différence qu'il est juste de remarquer, entre les Hollandois athées, les Portugais et les Espagnols croyants. Les premiers ne se distraient pas un seul instant de leurs calculs; rien ne les émeut, rien ne les touche; c'est l'inflexible loi de la force matérielle, le *crédit* et le *débit* incarnés. Les seconds, quelquefois susceptibles de pitié, de sentiments généreux même, portent jusque dans le mal un certain héroïsme qu'on déteste souvent, mais qu'on ne peut jamais mépriser. Je ne sache rien qui, sous un costume chrétien, ressemble plus à l'Achille d'Homère, que cet Antonio de Faria dont Mendez-Pinto raconte avec tant de naïveté les exploits de pirate, dans la relation de ses voyages. Il en a la valeur fougueuse et l'orgueil, et l'implacable esprit de vengeance; mais il a de plus une force d'âme, une puissance morale, un ascendant sur les autres hommes, qui, avec le génie d'une plus haute civilisation, décèlent une nouvelle source de grandeur, ouverte dans les profondeurs de l'humanité.

Multa renascuntur quæ jam fuere. Parmi les opinions qui ont régné en Europe depuis cent ans, parmi celles même que beaucoup de gens regardent aujourd'hui comme si neuves, il n'en est pas une qui n'ait déjà apparu plusieurs fois dans le monde. Les vérités ont grandi avec les siècles; les erreurs, au contraire, se sont rapetissées, et, comme la masse enflammée de métal qui sort de la fournaise, elles ont perdu de leur éclat en se refroidissant.

« Les nègres de Juida sont persuadés qu'il
« existe un Être dont l'univers est l'ouvrage,
« et qui mérite par conséquent d'être préféré
« aux fétiches, qui sont eux-mêmes des créa-
« tures ; *mais ils ne le prient point,* et ne lui
« offrent point de sacrifices. Ce grand Dieu,
« disent-ils, est trop élevé au-dessus d'eux pour
« s'occuper de leur situation. Il a confié le
« gouvernement du monde aux fétiches, qui
« sont des puissances subordonnées auxquelles
« les nègres doivent s'adresser (1). »

Revenons maintenant parmi nous. « Je mé-
« dite sur l'ordre de l'univers, non pour l'ex-

---

(1) *Abrégé de l'Histoire générale des Voyages,* tome III, p. 212. Paris, 1825.

« pliquer par de vains systèmes, mais pour
« l'admirer sans cesse, pour adorer le sage
« auteur qui s'y fait sentir. Je converse avec
« l'auteur de l'univers, je pénètre toutes mes
« facultés de sa divine essence, je m'attendris
« à ses bienfaits, je le bénis de ses dons ; mais *je
« ne le prie pas* : que lui demanderois-je (1) ? »

Voilà Rousseau qui parle comme les nègres de Juida. Tous les déistes en disent autant. Ils admettent Dieu, *mais ils ne le prient pas; ce grand Dieu est trop au-dessus d'eux pour s'occuper de leur situation* : ils prient les *fétiches*, c'est-à-dire les puissances de la nature, les puissances physiques auxquelles *Dieu a confié le gouvernement du monde* : ou plutôt ils ne les prient pas, ils traitent avec elles, ou combattent contre elles; et le droit qui règle cette guerre et ces traités, ils l'appellent morale, religion ; c'est le fétichisme pur, avec l'intelligence de moins dans la puissance qui gou-

---

(1) *Émile*, tome III, p. 126.

verne. Les nègres conservent par instinct une certaine notion de la Providence, que les déistes détruisent par raison, et à laquelle ils substituent une fatalité inflexible et un destin inexorable.

———

Toute philosophie commence et finit dans le mystère.

———

Rien ne se comprend que par sa cause et dans sa cause ; car la cause renferme tout ce qu'il y a de réel dans l'effet. L'effet est contingent, la cause en soi, dans son essence, est nécessaire ; l'effet est passager, la cause est immuable, elle subsiste toujours ; l'effet est multiple, la cause est une ; l'effet n'est que la manifestation phénoménale de la cause indivisible et inépuisable ; en elle est sa réalité, et c'est pourquoi l'effet peut être multiplié indéfiniment, chacun de ces effets étant identiquement le même que les autres, et distinct seulement par ce qui ne l'affecte pas en soi, ou numériquement.

Notre époque est une époque de science : ce qu'a fait en ce genre l'esprit humain depuis deux siècles est prodigieux. Que de faits observés ! que de lois découvertes ! quelle puissance acquise sur la nature ! Ce qui manque, c'est une philosophie qui ramène à des explications générales les explications particulières, incomplètes, par cela même qu'elles sont particulières, une philosophie qui unisse l'ordre physique à l'ordre moral, à l'ordre intellectuel. Elle viendra, parce qu'on l'attend, parce qu'elle est nécessaire ; mais alors même on se retrouvera dans une nouvelle ignorance. L'esprit se sera déplacé, il aura conquis un espace immense; mais de la frontière de son empire il découvrira un horizon nouveau, un horizon sans bornes, il aura, comme auparavant, l'infini devant lui. Alors, fatigué de ses travaux, il se reposera quelque temps; il se replongera dans le mystère qui l'enveloppe de toutes parts, et une nouvelle ère de foi commencera.

Rien n'est absolument faux, sans quoi on ne pourroit pas même l'exprimer. Quelle parole pourroit correspondre à ce qui n'est pas? Il n'y a pas de langue du néant.

J'ai connu un homme qui avoit des opinions singulières, et qui prouvent comment, en enchaînant des abstractions, on peut donner à tout une apparence logique. Il s'étoit persuadé, avec certains Allemands, qu'il n'existe rien que la pensée, qu'elle est l'unique réalité, qu'elle est tout, ce que nous croyons voir et sentir en dehors d'elle n'étant, sous ce rapport, qu'un vaste système d'illusions, et par le fait une sorte de création interne de sa puissance illimitée. Quand il existeroit, disoit-il, autre chose qu'elle, il lui seroit impossible de le savoir, éternellement renfermée en soi, ne voyant que soi, n'ayant conscience que de soi. Rien n'agit sur elle, elle n'agit sur rien ; car agir sur elle, ce seroit pénétrer en elle, et comment pénétrer en ce qui est un, simple, indivisible ? Agir sur un autre, c'est également pénétrer en lui, ou c'est sortir de soi, et l'un et l'autre est contradictoire. La pensée est donc seule réellement. La variété apparente des êtres, l'univers et ses phénomènes, c'est la vision qu'elle a d'elle-même, le produit de son activité, la connoissance successive qu'elle acquiert de soi, de ce que renferme son inépuisable essence. La notion d'antériorité n'est que le sentiment des deux états simultanés auxquels elle subsiste, en tant que vue et en tant que voyante. Et comme il croyoit en même temps à la permanence indéfinie de la pensée, ainsi qu'à la puissance dont elle est douée, en certaines limites, de diriger ses actes, il disoit qu'habitant un monde de sa création, elle se faisoit elle-même, en partie du moins, ses propres destinées, ses joies, ses tristesses, ses plaisirs, ses douleurs, selon la manière dont elle créoit ce monde : car en vertu des lois logiques qui enchaînent ses actes, c'est-à-dire ses idées, celles-ci se développent selon des séries qui doivent toujours atteindre leur terme ou les conséquences dernières de leur principe générateur : et pendant que s'opère ce développement, la pensée qui l'opère et en qui il s'opère jouit ou souffre, suivant la nature du monde qu'elle a réalisé en soi. D'où il inféroit, qu'après le phénomène qu'on appelle la mort, phénomène idéal lié logiquement à ceux dont se compose le monde que la pensée s'est fait, celle-ci, continuant d'obéir aux mêmes lois de développement interne, produisoit en soi les conséquences de ses idées antérieures, et réalisoit ainsi, quant au sentiment qu'elle a de ses modifications idéales, les voluptés du ciel et les tourments de l'enfer. Que dès lors, ces principes posés, et se replaçant au point de vue ordinaire des choses, illusoire en un sens, très-réel en un autre sens, rien n'étoit plus funeste que certaines impulsions imprimées à la pensée, puisqu'il en résultoit la création d'un monde qu'il lui falloit ensuite, en vertu des lois qui président à son évolution progressive, habiter nécessairement pendant une durée plus ou moins longue; de sorte qu'elle pourroit être ainsi condamnée à parcourir, jusqu'à ce que l'action du principe générateur de ce monde ne fût épuisée, un cycle de souffrances sans cesse renaissantes, ou à tourner avec fatigue dans un cercle de visions bizarres, semblables, à quelques égards, à ce qu'on appelle le rêve....

Que dire à cela? L'esprit va où il veut quand il est seul.

Lorsqu'on demande aux classes élevées ce qu'elles veulent, elle disent, du pouvoir et de l'or; lorsqu'on demande au peuple ce qu'il veut, il répond, du pain et la liberté. Les demandes des premières attaquent autrui; les demandes du second ne menacent personne. La domination, c'est la guerre, et la liberté, c'est la paix.

Peut-être l'emploi de la force est-il nécessaire aujourd'hui, car on ne doit pas la laisser à jamais du côté du mal; mais il faut que ce soit la miséricorde qui tienne l'épée.

Les hommes de violence et de vengeance ne réussiront jamais à rien d'utile à l'humanité. Si l'on veut que l'avenir germe, il ne faut pas le semer dans les tombeaux.

Je leur disois : Quand je viendrai me mêler à ce grand peuple des hommes de tout temps et de tout pays, là où vont les morts, je ne veux pas qu'on me dise : Lave-toi les mains, il y a du sang dessus.

Je leur disois encore : Après le désastre de Leipsick, un corps de l'armée rentroit en France ; les Bavarois lui barrèrent le chemin.

Après une vive résistance, ils furent enfoncés. Nos soldats couchèrent sur le champ de bataille : ce n'étoit pas de la terre, c'étoit de la boue et du sang. Comment reposer là? On amoncela des cadavres pour dormir dessus. Voilà le lit de repos que vous proposez à la société.

───────

On dit qu'il y a eu des anthropophages. Je ne sais, mais cela n'a pas dû être long ; ils ont dû mourir empoisonnés.

───────

Lorsqu'on se trouve entre différents partis tous passionnés, c'est chose vaine que d'espérer n'en choquer aucun, et le chercher est le plus sûr moyen de les choquer tous. Que faire donc? Ne tenir nul compte d'eux, les oublier profondément, ignorer qu'ils existent, et parler le langage pur et franc de la vérité. La ruse, le calcul, la prévoyance politique et précautionnée, ont beau prendre leurs mesures, arrêtées sur la route, jamais elles ne parviennent à leur but. La parole, au contraire, qui sort toute naïve d'une âme droite, je ne sais par où elle passe, mais elle arrive toujours. Comme à la goutte de pluie dans le sein de la terre, Dieu a creusé en nous, pour que les sentiments qui font l'homme ne se perdissent jamais, des voix secrètes qui conduisent au cœur.

On dit communément que la corruption des mœurs porte le désordre dans la société, et cela est vrai. Je crois cependant que le désordre de la société contribue encore plus à la corruption des mœurs. Quand l'idée des rapports naturels entre les hommes est altérée, c'est quelque chose d'effrayant que de voir à quel point les sentiments de la plus simple morale s'effacent des cœurs, comment les dernières infamies n'étonnent plus et deviennent presque honorables. Pour n'en citer qu'un exemple, s'il est au monde un crime que la conscience des peuples, en tous lieux, en tous temps, ait flétri comme le terme extrême de la dégradation humaine, c'est sans doute le crime de ces êtres hideux que les Latins appeloient *lenones*. Eh bien, sous Louis XIV, c'étoit, parmi les grands, à qui feroit près du monarque un métier qui, dans les basses classes, conduisoit pour le moins au pilori. Sans parler de beaucoup d'autres, le prince de Marsillac fut l'entremetteur des amours du maître avec mademoiselle de Fontanges, et il y eut peu de courtisans dont ce titre et ces fonctions, brigués par un La Rochefoucauld, n'excitassent la noble jalousie : et cet homme qui méritoit la marque, en gagnant à ce prix la faveur du prince, ne perdit rien dans l'estime de la haute société de ce temps-là, ni dans la considération publique. Cherchez la raison d'un pareil fait, vous la trouverez dans l'idolâtrie monarchique. Louis XIV n'étoit pas un homme astreint aux devoirs ordinaires des hommes. Qu'étoit-il donc? un roi. Mais enfin qu'est-ce qu'un roi? Seroit-ce par hasard un Dieu? quelque chose de mieux si vous voulez.

Qu'est-ce qu'on appelle le lustre des anciennes familles? La trace luisante que les limaces laissent derrière elles en rampant.

On demandoit à quelqu'un combien il y avoit en France de ministres, de directeurs généraux, de préfets, de sous-préfets, enfin d'agents de l'administration. Il répondit : Quand je rencontre sur mon chemin un cadavre, je ne m'amuse pas à compter les vers qui remuent dedans.

———

Il y a de notre temps une expression au moins singulière. Il pense mal, dit-on. Avant de dire cela, il faudroit au moins être sûr de penser soi-même ; et en fût-on là, il pense mal signifieroit seulement, il ne pense pas comme moi. Ce n'est pas trop la peine de se recueillir, de se redresser et de prendre un air profond, pour prononcer cette grave sentence.

———

Toutes les fois qu'un parti lutte ouvertement contre le pouvoir et acquiert des forces dans cette lutte, il finit infailliblement par le renverser.

On ne recouvre jamais en politique la réputation perdue.

La sagesse ne peut rien sur ce qui est : sur ce qui sera elle peut beaucoup, et, en un certain sens, presque tout.

Les hommes veulent le succès et le veulent prompt : la patience leur manque pour l'attendre. Avez-vous entrepris quelque chose qui ait de l'éclat et paroisse réussir, ils viendront de toutes parts vous offrir leur concours. Les choses changent-elles de face, n'y a-t-il plus que des dégoûts et des souffrances à partager, ils s'en vont comme ils étoient venus et beaucoup plus vite. Chacun a des motifs péremptoires pour se retirer. Aux anciennes convictions succèdent les scrupules, les doutes. *Qui, cum audierint, cum gaudio suscipiunt verbum, et hi radices non habent : qui ad tempus credunt, et in tempore tribulationis recedunt.* Ce n'est pas, disent-ils, ce que nous nous étions figuré ; et ils disent vrai. Ils s'étoient figuré de la faveur, de la renommée, des jouissances d'amour-propre, et le reste. Au lieu de cela, arrivent les disgrâces, les calomnies, les persécutions. Alors vous les voyez prendre l'un à droite, l'autre à gauche, tous bien peinés à ce qu'ils assurent ; mais qu'y peuvent-ils ? Leur conscience les appelle ailleurs : elle est délicate ; la route où vous marchez est trop rude pour elle. Cette égoïste inconstance de l'homme est une des grandes misères de notre nature ;

mais elle a sa source dans une autre plus grande encore et d'où découlent presque tous les maux du genre humain ; car rien d'élevé, rien de bon, rien de beau ne se fait sur la terre qu'au prix de la souffrance, de l'abnégation de soi, et le sacrifice seul est fécond. *Nisi quis abneget semetipsum.* Il y a dix-huit siècles qu'on le dit aux chrétiens et que les chrétiens font profession de le croire. Ils le croient, en effet, mais en général, mais pour autrui. Quant à la pratique, c'est autre chose : *Durus est hic sermo, et quis potest audire eum ?* Dans le grand combat que se livrent en ce monde l'erreur et la vérité, le bien et le mal, ils seront charmés que ce soient le bien et la vérité qui triomphent. Comptez sur leurs vœux pendant la lutte, et sur leur dévouement après la victoire.

Quoi que l'on dise et quoi que l'on fasse, le tien et le mien subsistera longtemps : pour l'abolir, il faudroit d'abord détruire le toi et le moi.

C'est encore une grande question que de savoir si la société est autre chose qu'un moyen nécessaire du développement et du perfectionnement de l'individu ; en d'autres termes, si l'individu est fait pour la société, ou la société pour l'individu. Il est certain que la société, en tant que société, n'est point un être, et que toute perfection réelle, de quelque nature qu'elle soit, se résout dans l'individualité. D'un autre côté, les individus eux-mêmes ne se perfectionnent que par les relations réciproques, d'où naît le devoir, qui consiste fondamentalement dans le sacrifice de soi aux autres. Pour devenir ce qu'il doit être, chacun d'eux est donc dans une dépendance nécessaire de ce qui n'est pas lui. De plus, il reste à savoir si la fusion des individus en une seule unité ne doit pas un jour être telle, que l'humanité elle-même forme, sous des conditions de vie et des lois différentes de celles de l'homme individuel, une individualité non moins réelle, quoique d'un autre genre. Mais alors on sort de l'existence présente, on sort de l'ordre actuel, de ce qui est certainement, pour entrer dans un ordre philosophique conjectural.

On a dit et répété mille fois que le gouvernement républicain ne convenoit qu'aux petits

États. C'est bien plutôt le contraire. Les résolutions passionnées et précipitées, les haines personnelles et de famille, la justice partiale, les jalousies de classe, de fortune et de rang, les proscriptions ouvertes ou déguisées, les conflits violents, la foiblesse des lois et de l'autorité publique en certaines circonstances et contre certains partis : ce sont là les désordres ordinaires des républiques, et aucun ne peut se produire dans un grand pays, au même degré surtout qu'en un petit. Plus aussi on approche de la démocratie pure, plus les causes de trouble et de révolutions diminuent. Je suis étonné qu'on ne voie pas cela, et que le préjugé ait tant de puissance dans le monde.

Quand la loi tue un homme qui se repent de son crime, elle tue un innocent.

On rencontre des gens qui veulent que tout finisse avec eux, que l'espérance aigrit, que l'avenir désole. Près de descendre dans leur fosse, ils en destinent un petit coin au monde, et prétendent qu'il tiendra bien là.

———

L'Allemagne, sans aucune législation générale, ayant été pendant des siècles partagée en une multitude de petits États, d'enclaves, de fiefs, etc., dont la possession reposoit sur des chartes, des pactes de famille, des actes de partage, des concessions à différents titres, des contrats de vente et d'achat, des transactions de toute sorte, il devint nécessaire, pour régler les affaires de chaque jour, pour démêler les droits compliqués, pour assurer l'existence même de tant de familles, que chacune d'elles eût ses archives, et que perpétuellement elles fussent compulsées, examinées par des gens habiles, exercés à ce genre de travail. Je ne doute point que les Allemands ne doivent en partie à cette circonstance leur goût pour les recherches historiques, et pour l'érudition patiente et laborieuse : ils ont fait de nécessité vertu.

On ne sait presque plus le français, on ne l'écrit plus, on ne le parle plus. Si la décadence continue, cette belle langue deviendra une espèce de jargon à peine intelligible. Les journaux et la tribune ont surtout contribué à la corrompre, ainsi que certaines coteries de petits auteurs en prose et en vers, qui avec une plénitude sans exemple de confiance en eux-mêmes et d'orgueil, sont venus secouer leurs sottises et leur ignorance sur ce magnifique idiome, comme des gueux secoueroient leurs sales haillons sur les tapis d'un splendide palais.

Que de gens toujours tourmentés, toujours en travail, toujours sur le point d'accoucher de quelque chose ! Ils ont la colique : et croient être en peine d'enfant.

Pour faire son chemin dans les lettres, il n'y a aujourd'hui que deux moyens : un grand talent, ou une grande intrigue. Le dernier est le plus sûr.

Il n'est point de bout qu'on trouve aussi vite que celui de son esprit.

Voulez-vous en mourant laisser derrière vous quelques germes de bien que le temps ne flétrisse pas ? Parlez peu aux hommes et beaucoup à l'homme.

La pensée creuse le cœur et le laisse vide : il faut autre chose pour le remplir.

Parole admirable d'Épictète : « Celui qui se « soumet aux hommes, s'est auparavant sou- « mis aux choses. » C'est par là que, chez tous les peuples, périt la liberté.

Le goût de la chasse est un reste de l'état primitif de sauvage barbarie. Il est dans l'homme modifié, mais non transformé par la civilisation, quelque chose qui le rapproche de la bête carnassière, une manifestation de l'instinct naturel à l'animal qui vit de proie. Il seroit curieux de rechercher pourquoi ce goût féroce est si général chez les princes. Ils ont des pays entiers gardés avec soin pour le satisfaire, et on les appelle *leurs plaisirs*.

Mœurs bourgeoises, manières bourgeoises, façons de parler bourgeoises, sentiments bourgeois, esprit bourgeois, etc. Notre langue est admirable, parce qu'il y a dans le caractère, le génie national, une élévation, une délicatesse que, chez des peuples supérieurs peut-être à d'autres égards, on ne trouve pas au même degré. Voilà pourquoi le vice de la bourgeoisie, ce qu'elle a de petit, d'étroit, de mesquin, d'épais et de ridicule, fut toujours vivement senti parmi nous. Ailleurs on n'en est point choqué, de sorte qu'en ce sens le mot bourgeois seroit intraduisible.

On demandoit à un philosophe des plus renommés de l'Inde, comment il avoit acquis cette haute intelligence qu'on admiroit en lui. Il répondit : J'ai respecté ceux qui sont venus avant moi, et je ne les ai point adorés.

Les idées ne se communiquent pas seulement, elles se combinent, dans ceux qui les reçoivent, avec d'autres idées; d'où la différence des impressions et la variété des points de vue, qui détermine celle des jugements. Lorsqu'on s'étonne que ce qui produit en nous la conviction, ne produise pas une conviction semblable en autrui, on a raison en un sens, parce qu'on suppose que les motifs qui nous convainquent se présentent à l'esprit des autres tels qu'ils se présentent à nous : alors, en effet, ils devroient produire sur eux la même impression que sur nous. Mais cette supposition est fausse. Ou ils n'aperçoivent pas ces motifs du côté où nous les regardons, ou ils ne forment pas avec les pensées qui s'y joignent les mêmes combinaisons. C'est pourquoi la même logique, avec les mêmes données apparentes, mais apparentes seulement, conduit quelquefois à des conclusions opposées. Rien de plus rare que de s'entendre véritablement, lors même que, disant les mêmes choses, on est ou l'on paroît être d'accord.

L'esprit ressemble à une source intermittente. Quelquefois elle coule à larges flots ; quelquefois desséchée, tarie, il n'en sort pas même une goutte d'eau ; on ne découvre au fond qu'un sable stérile et des cailloux inertes.

Dans le même objet, l'homme voit ce que l'animal ne voit pas ; l'homme éclairé et intelligent, ce que ne voit pas l'homme simple et grossier : donc les sens ne sont point l'unique instrument de l'observation, l'esprit y a part, et même beaucoup plus de part que les sens, bien que l'intervention de ceux-ci soit indispensable. Il est donc impossible que l'idée ne se mêle pas à l'observation. Quand donc

Tiedemann dit : « Les erreurs et fautes qui se
« glissent assez souvent quand on observe ou
« qu'on expérimente, tiennent à ce qu'on
« prend de simples idées pour des observa-
« tions (1); » il faut entendre que l'erreur
vient non, comme l'auteur semble le penser,
de ce qu'une idée se joint en nous à la sensa-
tion que produit l'objet observé, mais de ce
que cette idée est avec elle en un faux rapport :
car, du reste, quoi qu'on fasse pour renfermer
l'observation dans les limites de ce que per-
çoivent les sens ou dans les limites qu'elle a
pour la brute, on n'y réussit jamais ; l'idée y
est toujours, et c'est par elle seulement qu'elle
devient un élément de la science.

(1) *Histoire complète de la physiologie de l'homme*, tome I,
p. 12 de la traduction françoise. — Tiedemann est Kantiste et
semble incliner au matérialisme à la manière de Broussais, c'est-
à-dire, sans nier positivement qu'il existe quelque chose qui ne
soit pas matière, mais en soutenant que ce quelque chose, s'il
existe, ne peut être connu de nous.

Selon les idées persannes, le Temps sans bornes conçut et enfanta deux êtres, Ormuzd et Arimane; l'un, qui accomplit l'adoration, le sacrifice et la prière; l'autre, qui dit éternellement *non*. Il y a aussi deux philosophies, l'une qui adore et prie, qui affirme dès lors; l'autre qui toujours et toujours dit *non*.

On professe hautement les doctrines les plus hideuses, les plus exécrables, la promiscuité, le vol, le meurtre, le parricide même, et il se trouve des gens qui disent froidement : C'est un point de vue faux. Ceux-ci prouvent autant que les autres, et plus peut-être, à quel point le sens moral est éteint dans une partie heureusement peu nombreuse de la génération présente.

Jésus-Christ, le fouet à la main, chassa les vendeurs du temple de Dieu. Qui les chassera du temple des lois?

L'inquisition, contre laquelle la philosophie s'est tant indignée, qu'étoit-ce? la pensée punie de mort ou d'emprisonnement. L'inquisition, afin de maintenir l'institution religieuse, défendoit de professer aucune doctrine opposée aux doctrines de l'Église. Elle donnoit à l'orthodoxie une sanction pénale. Il existe encore, même chez nous, quelque chose de cela ; car la liberté religieuse y est loin d'être complète. Point de culte permis, s'il n'est autorisé par l'État, juge dès lors de ce que la loi même, la loi fondamentale déclare être du domaine exclusif de la conscience privée : contradiction absurde au milieu de tant d'autres.

Mais quand le culte seroit vraiment libre, quand chacun pourroit professer publiquement sa foi, auriez-vous droit pour cela, hommes du dix-neuvième siècle, de vous vanter de votre liberté? Vous n'avez plus, je le veux bien, d'inquisition religieuse, mais vous avez en place une inquisition civile; vous n'avez plus de symbole théologique inviolable, mais vous avez un symbole politique dont on ne doute pas impunément; vous n'avez plus de Torquemada, mais vous avez des conservateurs non moins zélés du dogme légal, avec leurs familiers et leurs suppôts de toute sorte; vous n'avez plus de bûchers, mais vous avez et des amendes et des cachots. Malheur encore aux hérétiques! malheur à qui ose penser ce que le pouvoir ne veut pas qu'on pense! malheur à qui ose exprimer cette pensée proscrite! Vos pères sans doute étoient des barbares; mais cependant leurs inquisiteurs parloient au nom de Dieu, se disoient, se croyoient les organes de Dieu, ses ministres. Les vôtres, au nom de qui parlent-ils? De qui sont-ils les ministres, les organes? La doctrine qu'ils protégent, d'où vient-elle? Quelle est son origine? Elle procède d'eux-mêmes, elle a sa racine dans leurs intérêts seuls. Ils parlent au nom de la loi; mais la loi, qui l'a faite? Eux encore. Et vous relevez la tête, et vous vous drapez dans votre imbécile orgueil, comme le nègre dans son lambeau d'écarlate!

C'est une grande misère quand un peuple vient à perdre le sentiment de lui-même, quand le lien collectif et la vie commune n'existant plus que fictivement, il se fractionne en autant de centres qu'il contient presque d'individus. Qu'est-ce alors que la dignité, la gloire, l'honneur, la puissance morale? Quelque chose dont personne ne se soucie, une sorte de vieux vêtement qu'on jette en un coin, en se riant des ancêtres et de leurs mœurs, et de leurs idées étranges. Laissez ce peuple manger, boire, dormir ; c'est désormais toute sa vie, il n'en connoît point d'autre. Mais cette vie est de peu de durée. L'âme, qui n'a plus rien à faire là, se retire et abandonne aux vers le cadavre.

On ne sauroit tromper plus dangereusement les hommes qu'en leur montrant le bonheur comme le but de leur vie terrestre. Le bonheur ou un état de parfait contentement n'est point de la terre, et se figurer qu'on l'y trouvera est le plus sûr moyen de perdre la jouissance des biens mêmes que Dieu y a mis à notre portée. Nous avons à remplir une fonction grande et sainte, mais qui nous oblige à un rude et perpétuel combat ; et pourtant il est vrai que ce

combat, soutenu constamment, est la source
de ce qu'il y a de plus doux dans cette région
de passage. On nourrit le peuple d'envie et de
haine, c'est-à-dire de souffrances, en oppo-
sant la prétendue félicité des riches à ses angoisses et à sa misère. Je les ai vus de près ces
riches si heureux : leurs douleurs ne sont pas
celles du pauvre, comme leurs plaisirs ne sont
pas les siens. Mais ces plaisirs, bientôt sans
saveur, aboutissent à un irrémédiable ennui,
à une sorte d'agonie semblable à celle des
êtres vivants plongés dans le vide ; et ces douleurs cachées dans le secret de l'âme, agrandies
indéfiniment par une imagination malade,
donnent, plus qu'aucune des autres que j'aie
pu observer jamais, l'idée des tortures infer-
nales (1). Sans doute il y a des riches qui
échappent plus ou moins à cette destinée, mais
par des moyens qui ne sont pas de ceux que

---

(1) « Agite nunc divites, plorate ululantes in miseriis vestris. »
Ep. s. Jacobi, v. 1.

la richesse procure. Les besoins réels une fois satisfaits, les choses matérielles contribuent peu au bonheur véritable, et y nuisent souvent. La paix du cœur en est le fond, et cette paix est le fruit du devoir accompli fidèlement, de la modération des désirs, des saintes espérances, des pures affections. Le corps, c'est l'animal; l'esprit, c'est l'homme. Défiez-vous de ceux qui n'ont de souci que du premier, qui vous y rappellent sans cesse, tenant tout le reste en oubli. Les vapeurs épaisses et pesantes s'arrêtent sur les lieux bas : il faut monter pour respirer à l'aise.

Deux points dans l'espace déterminent la direction d'une droite. La droite à diriger dans la société humaine, c'est l'action commune; les deux points sont le passé et le présent. Avec le présent seul toutes les directions sont égales; en d'autres termes, il n'y a point de direction.

———

Il y a de notre temps une race d'hommes infâmes, qui, continuellement à la poursuite du pouvoir par l'argent, de l'argent par le pouvoir, occupent seuls les plus hauts emplois, et, pour s'y maintenir, sacrifient tout sans hésiter aux passions de ceux dont ils dépendent, jettent en pâture à celui-ci la fortune du pays, à celui-là son honneur, sa gloire, achètent la justice et la vendent, organisent le pillage au profit de leurs complices, disciplinent la servilité, réglementent la bassesse, corrompent qui peut les servir, tuent qui les inquiète ou les gêne. On les a vus égorger vieillards, femmes, enfants : ils appeloient cela de l'intimidation. Du reste, courbés, prosternés devant les ennemis du dehors, leur criant : Paix! paix! et, pour l'obtenir, léchant la poussière du pied qui les repoussoit outrageusement.

Et le peuple, livré à cette race d'hommes, le peuple qui la souffre, qu'en dire?

Il n'est aujourd'hui question chez quelques écrivains que de *la science catholique*. Veut-on dire que des catholiques cultivent la science, et la cultivent avec succès? Alors que ne le dit-on en ces termes clairs et intelligibles? Il est vrai que ce seroit une remarque un peu naïve. Mais, si je le comprends bien, on a dans l'esprit autre chose : on veut parler d'une science différente de la science ordinaire, d'une science que distingue un caractère à part. En ce cas, qu'on explique ce que c'est qu'une géométrie catholique, une physique, une astronomie, une chimie, une anatomie, une physiologie catholique. La science est vraie ou fausse; elle n'est ni catholique, ni protestante, ni musulmane, et toute science est accessible à tout homme, quelle que soit sa religion, bien que toutes les religions ne favorisent pas au même degré, il s'en faut de beaucoup, le développement de la science.

Oblitus omnium, obliviscendus et illis.

Cela est touchant, parce que cela est vrai, et que, derrière ce vœu d'oubli, on sent comme un abandon premier, une confiance, un amour qui ne se retire qu'après la dure expérience à travers laquelle doivent passer toutes les âmes aimantes. Elles s'épanouissent dans leur naïveté, et puis se referment, comme la sensitive, sous le rude toucher de l'ingratitude ou de l'indifférence.

Voici un mot tout autre. Je lis dans la *Correspondance d'Orient*, de M. Michaud : « Le sultan Moustapha avoit coutume de dire : « Heureux celui qui ne me connoît pas et que « je ne connois pas (1)! » C'étoit le Mollah d'Eyoub qui citoit cette espèce d'adage. Michaud lui répond : « Ces paroles sont si vraies, qu'un « de nos monarques les plus populaires, Hen- « ri IV, a dit à peu près la même chose. » Il y a là quelque chose qui fait mal. C'est l'homme seul, non fatalement, non par le désespoir qui peut suivre les affections trahies, mais par un jugement froid prononcé sur la nature humaine. Cette parole de Moustapha et du roi *populaire* me paroit une parole de l'enfer. Satan la leur envieroit.

(1) Tome III, p. 20.

Deux sortes de paix : l'une au-dessous de la terre, l'autre au-dessus. La première est celle des tyrans. Ils conduisent les peuples au cimetière, et leur disent : Dormez là.

Tout est niaiserie et hypocrisie dans la politique officielle. Ce qu'on dit est rarement ce qu'on pense. Les esprits ne s'abordent que voilés. Toujours dans l'affaire du moment, préoccupée d'elle seule, jamais elle ne descend de la surface au fond des choses, jamais elle ne tient compte du mouvement profond qui emporte la société. Ou elle ne croit pas aux lois de la nature humaine, ou elle ne s'en inquiète en aucune façon, semblable au navigateur qui, sans se demander où il va, sans dessein, sans but, s'applaudiroit le soir uniquement de ce que dans la journée il n'a pas fait naufrage.

Ils parlent de conciliation des partis, et, pour les concilier, ils jettent des têtes entre eux.

Il manquera toujours au temps où nous sommes quelque chose à la plus belle vie, si elle ne se termine point dans la prison ou à l'hôpital.

Ce qui nous importe, ce n'est point qu'on ne dise pas de mal de nous, mais qu'on n'en puisse pas dire avec vérité.

Les maux de la vie sont innombrables, tout le monde le dit, et cependant les hommes n'en connoissent qu'une bien petite partie. Que de douleurs secrètes qui naissent et meurent dans les replis les plus cachés de l'âme, où elles se dérobent à tous les yeux ! Ce sont des souffrances qui n'ont point de nom, parce qu'elles n'ont point de forme, des angoisses mystérieuses, aériennes, sans corps, qui traversent le fond de notre être et le labourent et le sillonnent, comme le soc invisible des esprits du mal. Mais grâce à celui qui nous a faits et nous tient en sa main, ces tortures solitaires ont leur contre-poids dans des jouissances, des joies également inconnues, également incommunicables. Tout homme est seul ; il ne touche les autres que par son écorce. Le reste est un secret entre lui et Dieu.

○ Combien tout se déprend et se déjoint aisément dans la vie humaine! On diroit que nulles choses n'y sont liées par nature, mais seulement par hasard, par caprice et vaines opinions. Le temps passe sur les cœurs comme un vent froid, et y flétrit les fleurs qu'avoit produites la séve du jeune âge. Un chétif intérêt suffit pour détruire les plus anciennes unions. Surtout on s'éloigne de ce qui souffre. Chacun aime son repos, chacun dit que son âme n'est pas un vase creusé pour recevoir des larmes. Si donc le malheur pèse sur toi, fuis au désert. Les pleurs de l'homme ne sont recueillis que dans le sein de sa mère, qui est la nature, ou de son père, qui est Dieu.

.

———

Mon âme, pourquoi es-tu triste? Est-ce que le soleil n'est pas beau, est-ce que sa lumière n'est pas douce, à présent que l'on voit et les feuilles et les fleurs, avec leur mille nuances, éclore sous ses rayons, et la nature entière se ranimer d'une vie nouvelle? Quand les vents légers agitent l'air, on diroit le souffle des anges se jouant dans une mer de parfums. Tout ce qui respire a une voix pour bénir celui qui prodigue à tous ses largesses. Le petit oiseau chante ses louanges dans le buisson, l'insecte les bourdonne dans l'herbe. Mon âme, pourquoi es-tu triste, lorsqu'il n'est pas une seule créature qui ne se dilate dans la joie, dans la volupté d'être, qui ne se plonge et ne se perde dans l'amour?

Le soleil est beau, sa lumière est douce, le petit oiseau, l'insecte, la plante, la nature entière a retrouvé la vie, et s'en imprègne, et s'en abreuve : et je soupire parce que cette vie n'est pas venue jusqu'à moi, parce que le soleil ne s'est pas levé sur la région des âmes, qu'elle est demeurée obscure et froide. Lorsque des flots de lumière et des torrents de feu inondent un autre monde, le mien reste noir et glacé. L'hiver l'enveloppe de ses frimas, comme d'un suaire éternel. Laissez pleurer ceux qui n'ont point de printemps.

―――

Les peines de cœur sont irrémédiables ; nul point d'appui pour réagir sur elles. On oppose des idées à d'autres idées, on lutte contre des forces hostiles ; mais l'amour blessé, contre quoi luttera-t-il ?

Le monde ressemble à Ferrare, la ville déserte. Les hommes sont comme ses palais. Ils sont là debout, fantômes sans vie, sépulcres vides; vous frappez, et nul ne répond.

On entre seul en ce monde et l'on en sort seul; avec quelque aide cependant, un accoucheur et un fossoyeur.

La solitude est douce, l'âme s'y berce dans ses rêves, et s'y endort au sein du vague pressentiment d'un avenir infini. De fois à autre cependant, je ne sais ce qui se passe en elle ; une tristesse inconnue vient la saisir, elle souffre et cherche en vain ce qui la fait souffrir. Ce sont des angoisses qui n'ont point de nom, une sorte d'impuissance intérieure de respirer, une défaillance de la vie interne et secrète, une torpeur morne et lourde. On diroit que le temps s'épaissit et peut à peine couler. On se sent comme pressé par la pierre de la tombe. Ce qui reste de jour avant qu'elle achève de se fermer, ne vous montre qu'une cave étroite, dure, humide, sans air. On est là immobile et silencieusement assis au milieu de douleurs souterraines, mystérieuses, semblables aux formes fantastiques gravées sur les gigantesques sépulcres de la vieille Persépolis.

———

Toute la vie sociale est fondée sur la présomption qu'il existe entre les hommes un certain fonds d'idées communes et de sentiments communs, de sorte qu'employant les mêmes mots, ils sont aussi intérieurement affectés de la même façon. Cette présomption, vraie en général, ne laisse pas d'être souvent trompeuse. Les mêmes mots ne réveillent pas toujours dans les divers esprits des idées et des sentiments absolument semblables; et de plus, outre ce qu'il y a de commun, sous ce rapport, entre les êtres humains, chacun d'eux a quelque chose qui lui est individuellement propre dans sa manière de penser et de sentir. Cette diversité qu'on ne découvre qu'à l'aide d'une expérience ordinairement très-longue, est la source de bien des mécomptes. Je ne sache point de cause plus puissante de certaines erreurs de conduite, dont les conséquences quelquefois s'étendent à la vie entière. Cela est vrai, surtout en ce qui tient à l'ordre moral. On juge naturellement des autres par soi; on les croit dirigés par les mêmes ressorts internes. Or, il n'en est absolument rien.

Si, pour votre malheur à certain égard, vous avez été doué d'une manière de sentir noble, généreuse, élevée, délicate, vous réglerez instinctivement vos relations avec les autres sur la supposition que, sentant comme vous, ils agiront comme vous dans les circonstances semblables. Illusion. Bientôt les faits viendront vous détromper, et plus la logique de vos actions aura été exacte, plus vos calculs seront fautifs et vos prévoyances certainement déçues. Voilà ce qui fait que les hommes supérieurs, surtout par les qualités de l'âme, sont, comme on le dit, peu propres aux affaires. Il faut pour réussir avoir en soi les mêmes instincts, être animé des mêmes sentiments habituels, que ceux avec qui l'on traite; sans quoi, en raisonnant bien, on s'abuse toujours. Les habiles en ce genre sont ceux qui supposent le plus aisément une manière vulgaire de sentir, l'attachement dominant à ses intérêts propres, la dissimulation, la ruse, la bassesse même, et la mauvaise foi. Oh!

quand on n'a d'autres compagnons de route que la droiture, la délicatesse, la bienveillance, l'amour, qu'il est triste de passer à travers ce monde !

———

Ce vieillard sourd et aveugle qui marche toujours et toujours du même pas, c'est le temps. D'un mouvement uniforme qui jamais ne se ralentit, ne s'accélère jamais, il traîne les mortels à travers les plaisirs et les douleurs, qui ne sont pour lui que son mouvement même. Celui qui désire lui crie : Hâte-toi ; celui qui va mourir lui demande de s'arrêter, ne fût-ce qu'une seconde ; et il passe, et l'homme et les mondes passent avec lui, et s'enfoncent et se perdent dans des profondeurs ténébreuses que nul œil n'a sondées et d'où ne sort aucune voix.

Lorsque, par un beau jour d'été, vous suivez dans une forêt un sentier recouvert de branches qui se courbent en berceau, vous voyez le long du sentier, au milieu de larges ombres, une lumière tremblotante produite par les rayons qui pénètrent à travers le feuillage. Ce sentier, c'est notre vie, et cette lumière vacillante et foible, c'est notre science.

Quelquefois la nuit, me réveillant, la lune m'apparoissoit à demi cachée dans un nuage blanchâtre. Je la voyois, se levant peu à peu, revêtir les coteaux de sa moelleuse lumière, et envelopper de silence la nature assoupie. Tout se taisoit, excepté mon cœur; seul il veilloit pour bénir celui qui, n'oubliant aucune de ses créatures, suspend par un doux repos les fatigues de l'homme, et protége, sous la feuille qui l'abrite, le sommeil du petit oiseau.

———

On dit qu'il y a des pays sombres, noirs, ténébreux ; je ne le crois pas. Chacun porte son soleil en soi.

———

Le temps peut avoir des couches laborieuses, mais il n'avorte jamais.

———

Quelques âmes éperdues ont été, chose horrible, tentées de ne plus croire en Dieu :

d'autres le sont de ne plus croire dans l'homme, et cette tentation est horrible aussi.

———

Le but pratique de la religion est surtout de fortifier la volonté ; ce que ne fait pas la simple connoissance. On connoît assez le bien et le mal, mais vouloir l'un, repousser l'autre; *hoc opus, hic labor.*

———

Il y a des hommes qui prennent de la poussière des morts, la jettent contre le ciel et disent : Tu ne nous as donné que cela, nous te le rendons ! Puis il s'asseyent, sourient amèrement, et l'on n'entend plus rien que le temps qui passe.

Tout s'use en ce monde, mais rien si vite que la pitié.

L'ignorance est à la connoissance ce que la limite est à l'être.

Dans la production de la richesse intellectuelle, l'attention ou l'effort de l'esprit représente le travail; la langue, l'instrument du travail; la science acquise, le capital.

Il y a des esprits si stériles qu'il n'y pousse pas même de bêtises. Il s'y en trouve pourtant, mais elles y ont été transplantées.

Louer la personne qu'on aime est une manière de se louer.

———

On a beaucoup plus à souffrir en ce monde de ses qualités que de ses défauts.

———

Que de pensées on emporte avec soi en mourant, de pensées qu'on n'a pu fixer par l'écriture, qui sont comme si jamais elles n'avoient été! Mais sont-elles à jamais perdues? Profond mystère! Elles le sont au moins dans la présente économie de la vie humaine : et si

elles nous suivent ailleurs, quel en est l'usage ?
A quoi servent-elles là où tout diffère si profondément de l'ordre actuel ? On sent qu'elles auroient ici-bas un effet, une puissance quelconque, qu'elles aideroient au progrès ; et toutefois elles passent inconnues, sans qu'il en demeure aucune trace. Au point de vue de l'individualité, que laisse-t-on de soi, après un long labeur, un travail sans relâche ? Presque rien. Étrange destinée !

———

On n'en peut disconvenir, parmi une foule de restes misérables, nous découvrons autour de nous de beaux et nobles et touchants débris du passé. On diroit l'ancien Forum avec ses décombres, sa poussière et sa fange, au-dessus desquels, ici et là, s'élèvent quelques solitaires colonnes de temples ruinés, magnifiques de richesse et de grandeur. Le passant admire et s'attriste. Au milieu de tant de contrastes, il se demande quel nom tout cela peut porter dans la langue humaine. Le peuple l'a trouvé ce nom, c'est le *Campo Vacino.*

Il y a des rires glacés, tristes, effrayants, des rires d'une bouche sans lèvres et d'une face sans regard, comme une tête de mort.

J'ai remarqué que beaucoup de gens croient s'être justifiés de leurs défauts lorsqu'ils les ont avoués.

La femme est une fleur qui n'exhale de parfum qu'à l'ombre.

Je n'ai jamais rencontré de femme qui fût en état de suivre un raisonnement pendant un demi-quart d'heure. Elles ont des qualités qui nous manquent, des qualités d'un charme particulier, inexprimable; mais, en fait de raison, de logique, de puissance de lier les idées, d'enchaîner les principes et les conséquences et d'en apercevoir les rapports, la femme même la plus supérieure atteint rarement à la hauteur d'un homme de médiocre capacité. L'éducation peut être en cela pour quelque chose, mais le fond de la différence est dans celle des natures.

La foiblesse des femmes paroît surtout dans leur vanité. Elles n'ont pas ce qu'il faut de raison pour la conduire et la contenir, de sorte qu'elle se jette dans les plus étranges voies. Elles qui possèdent à un si haut degré le tact du ridicule, ne s'effraient d'aucun ridicule. Ce n'est pas qu'elles le bravent, elles ne le sentent plus. Leur puissance est immense tant qu'elles restent femmes; mais, tentées par je ne sais quel sot démon, elles se sont mises à envier les hommes, à vouloir être hommes absolument. Si, fatigué de leurs cris, Dieu les prenoit au mot et leur donnoit de la barbe, je voudrois bien savoir ce qu'elles diroient.

L'homme ne veut point vieillir, l'homme ne veut point mourir, et il hâte sans cesse de ses vœux le temps qui le mène à la vieillesse et à la mort.

———

La maladie n'est pas sans charme, et la souffrance même a sa secrète douceur. Lorsque l'on vogue vers des rivages désirés depuis longtemps, on voit avec joie les voiles s'enfler.

———

Pourquoi l'homme, qu'appellent ailleurs des destinées si hautes, quitte-t-il cette froide terre avec tant de regret? Y a-t-il quelque chose qui vaille qu'en partant il se retourne pour jeter dessus un dernier regard?

O mort, ô douce mort, que l'on est injuste envers toi! Fille de Dieu, mère des êtres, qui les enfantes à l'existence réelle, qui leur ouvres l'entrée de l'immense avenir, qu'est-il pour eux de plus bienfaisant que ta puissance, de plus sacré que tes fonctions, de plus désirable que ta venue, de plus digne d'amour que ta tendresse sévère en apparence, lorsque, te penchant sur leur dur berceau, tu les enveloppes des plis de ton voile, pour les transporter là où rayonne plus brillant, plus pur, l'astre éternel de qui tout émane, qui anime et vivifie tout?

Il a été dit : *Vœ soli!* et cela est vrai en plus d'un sens. La solitude devient pesante, surtout à mesure qu'on vieillit. Jeune, on porte en

soi tout un monde; mais ce monde s'évanouit
bientôt. L'âme alors s'en va errant sur des
ruines, qui peu à peu s'effacent elles-mêmes,
vaine poussière que disperse le souffle du
temps. Plus d'illusions, de douces chimères,
d'espérances lointaines, plus même de désirs.
La vie est une terre sans horizon. On s'assied
là sur la roche aride, au pied du vieil arbre
creux et dépouillé, et en regardant le nuage
qui passe, on voudroit passer avec lui, être
emporté comme lui dans les régions où le
pousse la tempête; on voudroit se perdre dans
les abîmes inconnus des mers, avec l'eau du
torrent qui gronde et gémit au fond de la val-
lée stérile.

Si, dans la jeunesse, un ami s'en va, on
s'en fait aisément un autre. Les vies alors
s'attirent et s'unissent comme les flammes de

deux torches. Il n'en est pas ainsi plus tard. Rien ne se greffe sur un vieux tronc.

———

Peu de jours avant sa mort, il me fit appeler pour une chose de confiance. Je le revis encore une fois. Il attendoit sa fin, sans prévoir qu'elle dût être si prochaine ; il se seroit défié douloureusement même de cette espérance. Ses dernières paroles, quand je le quittai, furent celles-ci : J'ai semé mon amour et ma pensée sur toutes les routes. Les uns les ont foulés aux pieds, les autres en ont cueilli le fruit ; et à moi, pauvre voyageur, que reste-t-il ? Pas une triste poignée de sarments pour reposer dessus.

———

Dans les choses de la vie, prévoyez toujours le pire, et vous aurez encore fait une utopie.

Tous les hommes sont mes frères, mais ceux qui pleurent sont mes enfants : il me semble leur avoir donné et de ma vie et de mes larmes.

Le nombre, a-t-on dit, régit le monde ; oui, le monde des corps. Calculez donc les poids, les mesures, les mouvements, les temps, tout, excepté ce qui appartient à la vie supérieure. Qui calcule l'affection, n'a jamais aimé, n'aimera jamais ; qui calcule le devoir a déjà renoncé au devoir.

On n'est pas autant le maître de ses pensées qu'on le croiroit bien. L'esprit se développe organiquement en vertu de son essence, selon des lois logiques aussi rigoureuses que les lois physiologiques du corps, et en vertu d'influences externes, selon le milieu spirituel où il est plongé. C'est pourquoi ce développement offre quelque chose d'identique chez tous les peuples, et quelque chose de différent en chacun.

Peuples, peuples, Dieu a empreint sur votre front le sceau mystérieux de la croix : la croix, c'est le martyre, mais la croix, c'est la liberté !

Lorsqu'en présence d'un corps de l'État, des hommes viennent dire : Il y avoit des blessés à terre, nous les avons percés de notre épée, de notre baïonnette; et qu'on leur répond : « Votre conduite a été des plus honorables, » ce n'est pas seulement la morale qui est attaquée, c'est l'humanité même.

Du côté où le soleil se lève dans les plus longs jours, je voyois une multitude dispersée sur une terre riche et verdoyante, et partout où se tournoient mes regards, ils ne rencontroient que des fronts tristes, des lèvres sans sourire, des bouches muettes, des yeux fiers encore d'où s'échappoient quelques larmes furtives qu'ils sembloient chercher à retenir; car il y avoit là, au milieu de cette grande désolation, des hommes armés, épiant un prétexte de supplice, et pour qui les pleurs même étoient un crime inexorablement puni.

Et je me demandois : Qu'est-ce que cela?

Et il me fut dit : C'est un peuple martyr. En lui s'accomplit un mystère saint.

Il a été livré pour un temps à la puissance du mal, afin que, trempé dans la souffrance, comme le fer dans l'eau du torrent, il devienne l'épée qui vaincra le mauvais génie de l'humanité.

L'orgie infernale a dansé sur cette terre sanglante où chaque cœur a eu sa torture, chaque muscle sa douloureuse contraction; et il le falloit, pour que le monde sût ce que c'est que la patrie et la perte de la patrie; pour que la justice, le respect des droits, l'horreur des tyrans, l'amour fraternel, formassent le lien futur des peuples, et fussent leur salut dans l'avenir.

Maintenant la victime est là palpitante sous le couteau des prêtres de Satan. Mais Dieu ne la leur a pas livrée pour toujours. Quand l'heure connue de lui aura sonné, elle se redressera terrible comme la vengeance suprême, et réveillées au bruit de ses fers qui se brisent, les nations émues s'écrieront : Béni, béni soit à jamais le peuple qui, ayant souffert avec constance pour tous les peuples, a été jugé digne de vaincre pour eux.

———

O Dieu juste et bon, qui, dans vos décrets impénétrables, avez séparé pour un temps les pères et les mères de leurs fils, les frères de leurs sœurs, les époux de leurs épouses, nous attendons avec une foi vive, une espérance inébranlable, le jour connu de vous seul où vous les réunirez de nouveau ; le jour où, sortant du tombeau que lui ont creusé les Puissances du mal, la Pologne renaîtra plus belle et plus grande; où des chants d'allégresse succéderont aux cantiques de douleur ; où les cœurs maintenant flétris reverdiront comme la nature, lorsqu'au printemps elle se dépouille de son linceul glacé. Faites, Seigneur, par votre grâce, que nous nous rendions dignes de voir de nos yeux, comme le saint vieillard d'Israël, ce jour de vos miséricordes, ce jour à jamais béni où apparoîtra devant tous les peuples le salut que vous nous préparez. Ainsi soit-il.

Qui croit aujourd'hui que les choses puissent rester ce qu'elles sont? Qui ne vit dans l'attente de grands événements certains en eux-mêmes, incertains seulement quant à l'époque où ils se produiront? Qui ne sent partout le sol trembler? Quel est le peuple au sein duquel il ne

s'opère un sourd travail, dont s'épouvantent
les pouvoirs frappés d'impuissance pour en
arrêter le progrès? D'heure en heure la vie se
retire d'eux, et on les voit, dans leur défaillance,
étendre le bras et s'appuyer les uns sur les
autres pour se tenir debout quelques instants
de plus. Regardez ces royautés pâles, ces aris-
tocraties éperdues : qui les effraie? Elles ont
entendu ce bruit qui précède la tempête, qui
court devant elle pour annoncer qu'elle vient.
Elles ont aperçu à l'horizon un point noir,
comme une tache de deuil. Assises à la table de
leurs festins, dans l'enivrement d'une joie in-
sensée, tout à coup une ombre a passé devant
elles, et sur le mur s'est avancée une main
qui traçoit des mots sinistres. Qu'est-ce donc
qui se prépare? Le monde tressaille, des fantômes traversent les airs, une lueur obscure
enveloppe toutes choses. Est-ce une aube?
est-ce un crépuscule? C'est un crépuscule
pour vous tous, fils de la vieille société, qui
descend dans la région des morts. Pour toi,

peuple, c'est l'aube du jour que te réservoit le Père céleste dans les décrets de sa justice, tardive à nos yeux, mais certaine.

Vous voudriez arrêter l'expansion de la vie, retenir l'oiseau dans sa frêle coquille. Quoi que vous fassiez, il la percera. Déjà, sous l'enveloppe qui les presse, ses ailes frémissent prêtes à se déployer ; encore quelques moments, il prendra son essor, et, libre au milieu des plaines de l'air inondées de lumière et de chaleur, il voguera dans l'immensité.

Depuis dix ans il s'est accompli des changements profonds dans la société, les esprits regardent d'autres objets, toutes les questions se sont déplacées, et notre état au fond n'a presque plus rien de commun avec ce qu'il étoit.

Sous la Restauration, de quoi s'agissoit-il? de renverser une dynastie qui rappeloit au pays l'invasion étrangère ; d'en combattre les tendances rétrogrades, en développant le principe de liberté sous la forme établie par la Charte et dans les limites de la Charte.

La Charte, dans sa partie démocratique, étoit l'organisation des conquêtes de la classe moyenne.

Le libéralisme se composoit donc d'un sentiment de nationalité, et, sous ce rapport, il étoit l'expression de la France entière, et d'un intérêt seulement partiel, celui de la classe moyenne ou de la classe politiquement constituée par la Charte.

Elle triompha en 1830.

Mais, derrière elle, il y avoit le peuple par lequel elle avoit triomphé ; le peuple, auquel nul ne songeoit pendant la Restauration ; le peuple, exclu de la cité par la loi organique de la cité même; le peuple, délaissé, exploité, traînant, dans les années prospères, une vie laborieuse, souffrante, précaire, et mourant de faim aux époques périodiques de crise.

Ce peuple, après juillet, se demande pour qui il a vaincu, et s'il n'a rien à attendre d'une victoire qu'il a si chèrement payée; s'il doit éternellement languir dans la même misère, dans le même abaissement. Non! telle est sa réponse.

Alors se pose la grande question, commence la grande lutte. Le peuple a acquis la connoissance et le sentiment de son droit. Nul repos désormais pour lui qu'il n'ait réalisé ce droit devenu sa vie même, sa vie d'homme.

Mais qu'est-ce que ce droit, et que veut le peuple?

Ne croyez pas qu'il ne s'agisse que des purs besoins matériels, que la question soit uniquement, soit principalement une question d'aliments et de vêtements, une question de bien-être corporel.

Le peuple veut d'abord, veut avant tout, faire respecter en lui la dignité humaine. Si l'homme ne vit qu'en société, s'il est essentiellement, en tant qu'homme, un être social, il ne vit de la vie d'homme que comme membre du corps social, qu'après son introduction dans la cité, que lorsqu'il possède et qu'il exerce les droits inhérents à la qualité de citoyen. Autrement qu'est-il? un pur instrument de production, une bête de somme, un outil, une *chose*, comme disoient les Romains; il est, sous une forme ou sous une autre forme, sous un nom ou sous un autre nom, ce qu'étoit l'esclave chez les anciens, le serf dans le moyen-âge.

Le peuple veut encore sa part de lumières, sa part de science. Il ne veut pas qu'on le repousse par l'ignorance dans l'impuissance, dans la servitude de la brute. Il veut vivre de la vie de l'esprit.

Il veut aussi, il veut enfin vivre de la vie physique. Et qui oseroit lui en contester le droit? Qui oseroit dire que pour augmenter le luxe, les jouissances de quelques-uns, Dieu l'a condamné au supplice de la faim? Or, si souvent il meurt de faim, si habituellement il souffre de la faim, d'où vient ce monstrueux désordre, cette destinée effrayante d'une portion de la race humaine? Est-ce que matériellement les subsistances manquent? non. Le travail même du peuple dont elles sont le fruit, les multiplie de manière à suffire aux besoins de tous, et ce travail mieux ordonné les accroîtroit encore, et rapidement, dans une proportion indéfinie. Si donc la faim s'assied sur le seuil d'un grand nombre, c'est qu'il existe un vice profond dans l'organisation du travail et la répartition de ses produits. Le peuple ne demande point qu'on revienne sur le partage ancien, ce qui, par des raisons qu'il seroit trop long de déduire ici, ne diminueroit point les maux, mais les augmenteroit au contraire; il ne demande point qu'on porte atteinte à aucune possession actuellement acquise ; mais que la loi cesse de diriger, au détriment des travailleurs, le fruit de leur travail, la richesse annuellement produite, vers les centres où elle s'accumule au profit exclusif de quelques-uns; que ce fruit retourne au travail même en proportion plus grande, et devienne ainsi, par l'accroissement des consommations, une source plus abondante de bien-être général.

Tel est aujourd'hui l'élément nouveau qui fermente intérieurement dans la société, et que rien n'étouffera, car le peuple n'a pu commencer à comprendre ses droits, sans en vouloir invinciblement la réalisation effective.

Mais au lieu de trouver un auxiliaire dans le vieux libéralisme, il y a rencontré un obstacle imprévu pour lui, et de là ses mécomptes. Car il se figuroit que les oppositions officielles, filles de l'opposition de quinze ans, lui prêteroient secours, s'associeroient franchement à sa cause, et il n'en a rien été, il n'en pouvoit rien être. Voyons, à ce sujet, quels sont les rapports du peuple avec les différents partis qui divisent si malheureusement la France.

Nous ne parlerons point du juste milieu, qui se confond avec le gouvernement dont tous les efforts tendent à nous refouler dans l'absolutisme. En dehors de lui qu'y a-t-il?

Il y a l'opposition qui accepte, quant au fond, le 7 août et ses conséquences légales; mais qui le combat sous le double point de vue de sa politique lâche au dehors, corruptrice au dedans, et de sa tendance à détruire les libertés consacrées par la Charte, c'est-à-dire, les mêmes libertés que défendoit le libéralisme contre les empiétements de la Restauration; et qui, se renfermant systématiquement dans cette limite, dénie dès lors au peuple les droits qui constituent le citoyen.

Il y a l'opposition qui reconnoît ses droits en principe, mais qui, sous divers prétextes, n'en voulant point l'application actuelle, rentre de fait dans l'opposition précédente, dont elle ne se sépare que par des modifications de langage.

Il y a le carlisme et le bonapartisme.

Il y a enfin ceux qu'anime un sentiment plus vrai de la justice, un plus prévoyant instinct de l'avenir, mais aux yeux desquels ont est parvenu à confondre la cause populaire avec les absurdes théories de quelques esprits ardents et les rêves de quelques têtes folles.

Tous ces partis et ces nuances de parti représentent le passé, n'en sont que les derniers restes que le temps dissout tous les jours, et leur action, rétrograde à divers degrés, est funeste au pays qu'elle maintient dans un état de malaise, en l'empêchant de se constituer d'une manière stable, c'est-à-dire selon ses conditions présentes d'ordre et de vie.

Là donc nul appui pour le peuple; car le peuple c'est le pays, la nation véritable, et conséquemment l'avenir du peuple est l'avenir de la nation, l'avenir du pays.

Comment leur salut s'accomplira-t-il? Comment la force providentielle, qui, malgré toutes les résistances, réalise tôt ou tard infailliblement ce qui doit être, surmontera-t-elle les nombreux obstacles qu'opposent et l'égoïsme et les préjugés au droit conçu, voulu par l'humanité à cette époque de son développement? Qui le pourroit dire? Qui le sait? Ce qui semble certain, c'est que, pour effectuer cette réalisation nécessaire, une lutte terrible contre tout ce qui représente encore le passé dans le monde actuel est inévitable, et que l'Europe, ébranlée jusqu'en ses fondements, aura, quoi qu'on fasse, à subir de longues et rudes épreuves. Que Dieu soit en aide à la cause juste! Sous d'autres formes peut-être, mais seulement sous d'autres formes, nous entrons de nouveau dans l'ère des martyrs.

Que me veut tout ce passé? qu'est-ce que ces ombres qui se lèvent du tombeau, fantômes de pontifes, de rois, muets simulacres des siècles éteints? Pourquoi ces morts viennent-ils secouer leur poussière autour de moi? Quel bruit a troublé leur sommeil? ou est-ce un rêve qui les agite? Les demeures souterraines ont tressailli, les vieux ossements ont germé au fond du cercueil; et ces formes étranges, se dressant toutes ensemble, ont reparu au milieu des vivants étonnés, pour reprendre possession du monde qui leur appartint autrefois. Mais le monde n'entend plus leur langue, il ne comprend plus leur pensée. Il les contemple avec un vague effroi. Leur contact le fait frissonner. Il s'exhale d'eux je ne sais quelle vapeur qui oppresse la poitrine. Rentrez, rentrez, dans vos tombes vides, fils des temps qui ne sont plus, et laissez les générations destinées aujourd'hui à continuer l'œuvre de l'humanité, accomplir en paix leur haute fonction, et s'avancer, pleines d'espérance, vers l'avenir mystérieux, dont les horizons se dilatent, sans fin, sans repos, au sein de l'immensité et de l'éternité.

———

Ils disent : Le peuple ne souffre pas ;

Puis : Le peuple souffre, mais par sa faute ;

Puis encore : Le peuple souffre par la nécessité des choses ; il souffrira toujours ; son mal est sans remède.

Ce sont là les trois exceptions qu'on oppose à ceux qui demandent, au nom de la charité, de l'équité, le soulagement des misères humaines. On les nie d'abord, pour se dispenser des devoirs qu'elles imposent. Mais ces misères sont trop générales, trop poignantes, trop profondes, elles crient trop haut et la plainte est trop douloureuse, pour qu'on puisse longtemps affecter de ne pas l'entendre, ou avouer à la face du ciel qu'on l'entend sans en être ému. Alors on s'en prend au malheureux de son propre malheur, on accuse le pauvre de sa pauvreté même, on creuse sa triste vie pour souiller ses pleurs dans leur source.

Et après ce vain travail, quand l'invincible vérité vient détruire le nouveau rempart élevé par l'égoïsme entre la souffrance et la pitié; quand on ne peut plus ni se refuser à l'aveu du mal, ni l'imputer à ses victimes, on en fait une loi providentielle, on le rattache à Dieu comme à sa cause directe, on le déclare voulu de lui, on en reporte la racine dans le sanctuaire de ses décrets impénétrables.

Ne le crois pas, ô peuple, ne crois pas qu'en naissant tu aies été maudit par l'auteur de la race humaine. La voix qui murmure ce blasphème à ton oreille est la voix de l'esprit tentateur, de l'ange noir, qui ne voit pas Dieu, ne le verra jamais, parce qu'éternellement il vit dans son ombre. Sa lumière à lui, c'est le rayonnement de ses propres ténèbres.

Tandis qu'ils passent près de toi en te répétant que tu n'as point de père, moi je te dirai une autre parole, une parole sainte qui te ranimera.

Non, tes maux ne viennent point de celui qui est le Bien même. Ils n'émanent point de sa volonté, et s'il les permet pour un temps, c'est que tu dois toi-même concourir à ta délivrance, en développant en toi l'intelligence, l'amour qui te rapprochent de lui, qui te rendent semblable à lui ; c'est que, de plusieurs manières, ces maux passagers aident à ton perfectionnement progressif, qu'ils te sollicitent sans cesse à marcher vers le terme infini auquel aspire la nature humaine, qu'ils entretiennent, excitent en toi la flamme céleste qui éclaire ta route, l'immortel sentiment du devoir et du droit. Combien déjà ta condition n'a-t-elle pas changé de siècle en siècle ! Elle changera davantage encore, elle changera toujours plus, jusqu'à ce que tu aies accompli tes destinées terrestres. Va donc avec confiance et sans douter jamais. Tu ne verras que de loin la patrie désirée. Mais, dans ce long voyage où se succèdent les générations, près de t'endormir à la fin du jour, tu diras : Enfants, Dieu m'arrête ici ; le désert aride commence à verdir ; demain vous suivrez votre pélerinage sous un ciel plus doux, à travers des contrées plus belles.

FIN.

Imp. SCHNEIDER et LANGRAND.

www.ingramcontent.com/pod-product-compliance
Lightning Source LLC
Chambersburg PA
CBHW070737170426
43200CB00007B/561